VOYAGE

DE

CADET ROUSSEL.

IMPRIMERIE DE GOETSCHY,

RUE LOUIS-LE-GRAND, N. 27, A PARIS.

VOYAGE

DE

CADET ROUSSEL

A PARIS EN 1824.

PARIS,

PONTHIEU, LIBRAIRE, PALAIS-ROYAL.

1824.

VOYAGE

DE

CADET ROUSSEL

A PARIS EN 1824.

CHAPITRE PREMIER.

L'homme-Titre.

Je vous ferai d'abord la question
d'usage. Votre héros est-il libéral,
royaliste ou ministériel ? — A vous
dire vrai, je n'avais pas prévu cette
question. Mais si vous l'exigez , il
sera tout ce qu'on voudra. — Je le
vois; il est ministériel. C'est un pauvre titre pour un roman ! Où êtes-

vous allé pêcher celui-là ? Sans doute
dans un bureau. Y a-t-il rien au
monde de moins romanesque que
votre *Homme-Titre* ! Ne savez-vous
pas, puisque vous êtes assez fort en
métaphysique , ainsi que vous me
l'avez dit souvent, que le ministérialisme est précisément le dernier résultat, ou si vous voulez , le *caput
mortuum* de notre civilisation dégra-
dée ! Le ministériel est un automate
en calcul , une sorte d'arithmétique
ambulante, dont le cœur et la tête
sont toujours vides et les mains toujours pleines ! — Quoi ! vous criti-
quez l'époque actuelle ! Mais ce grand
mouvement de notre civilisation nouvelle n'a-t-il pas quelque chose d'entraînant et de poétique ? — Vous

parlez de mouvement ! Oui , je vois
une foule de gens qui courent de la
Bourse au Ministère, du Ministère à
la Bourse, à pied ou en voiture !
des hommes et des chevaux qui galop-
pent : et voilà tout. — Mon ouvrage
sera donc nécessairement détestable !
— C'est possible. — Dans ce cas là,
je le ferai tirer à huit éditions. Je
crois même que je commencerai par
la sixième. — C'est bien. Mais mon
cher, après tout cela , vous n'aurez
encore rien fait pour arriver à
une renommée véritable. — Pour
quoi ? — Vous voulez être lu ?
— Oui. — Eh bien sachez donc
qu'un ouvrage peut avoir plus
d'éditions que de lecteurs. Lit-on
encore aujourd'hui ? Est-ce que dans

le siècle des lumières, chacun ne sait
pas d'avance ce que vous allez dire
ou écrire? Il n'est plus qu'une seule
manière de devenir célèbre, c'est d'a-
voir un journal à soi où l'on fait
écrire tous les jours qu'on est célèbre.
En définitive, la célébrité d'un nom
est en raison directe du nombre de
fois qu'il a été répété. C'est l'écho qui
fait tout. Notre siècle est comme un
vaste bâtiment, ayant pour dôme
une voûte sonore percée d'un nombre infini de petits trous. Le hazard
qui flane au-dessus du dôme, allant
comme un désœuvré du Palais-Royal,
tantôt d'un côté, tantôt de l'autre,
sans savoir pourquoi, laisse tomber
par ces ouvertures certains bruits,
qui, répétés ensuite par les échos de

la voûte, deviennent des célébrités.
— Vous me conseillez donc de ne
pas écrire ? — Oui. D'ailleurs le pou-
riez-vous, surchargé de toutes les
occupations que votre siècle vous
impose ? Quand personne n'à le temps
de lire, trouverez-vous le temps d'é-
érire ? — Je ne comprends pas trop
ce que vous voulez dire ! — Interro-
gez les heures de votre journée et
leur emploi. Qu'en faites-vous ? Vous
n'en savez peut-être rien; ni moi non
plus. C'est égal: vous n'en êtes pas
moins fort occupé. Je cours : Vous
courez. Nous nous rencontrons dix
fois dans Paris dans la même journée.
Nous avons l'air d'écervelés. Nous
ne pouvons trouver une seule fois le
le temps de nous dire bonjour. Vous

êtes en cabriolet. Je suis à pied. Vous
m'apercevez au coin d'une borne,
contre laquelle votre cheval a failli
m'écraser. (car il va très-vite aussi ,
ayant beaucoup d'affaires). Vous me
tendez la main. Je vous crie « *que ce
n'est rien* », avant seulement que vous
ayez eu le temps de me crier vous-
même : « *Que vous est-il arrivé ?* »
vous me demandez ce qu'il y a de nouveau ? je vous réponds par signes
plutôt que par des mots , (car nous
n'aurons bientôt plus le temps de parler que par sténographie), qu'on parle
d'un nouveau ministère, d'un ancien
ministre , d'une nouvelle loi, d'une
vieille ordonnance, que *le Constitu-
nel* , que *les Débats* . . . . . enfin . . . .
Votre cocher très-pressé aussi, coupe

ma phrase en deux par un coup de fouet. Je cours à la Chaussée-d'Antin : Vous volez à la rue de Grenelle. A cinq heures, je vous aperçois à la Bourse dans un gros de joueurs à la baisse. La foule est grande. Vous voulez m'aborder : un flot qui pousse la rente au pair vous porte brusquement sur moi. Peu s'en faut que vous ne me cassiez le nez pour vous procurer la douceur de me serrer la main. Nous nous séparons de nouveau. A onze heures du soir nous nous retrouvons au foyer de l'Opéra. Je crois pouvoir jouir un instant de votre conversation : pas du tout. Au moment où je vous offre de la bière, un de vos amis vous tire par la main ; l'un des miens m'entraîne

par mon habit: nous voilà séparés.
Enfin, vous rencontrant toujours sans
pouvoir vous parler jamais, je vous
envoie, au bout de trois ou quatre
jours, mon jokei, pour vous annon-
cer que ma femme vient d'accoucher
heureusement. Mais mon jokei, qui
a aussi beaucoup d'affaires, oublie
de faire ma commission, et je suis
obligé de vous écrire cette nouvelle
par la poste, qui n'oublie rien. — Ce
que vous dites là est vrai. — Vous
voyez donc bien, que n'ayant pas
même le temps de faire nos affaires,
nous ne saurions avoir celui, ni de
vivre, ni de lire, ni de penser. Je
crois même que la génération présente mourra sans avoir vécu, et
qu'elle laissera bien de la besogne

à la postérité. Mais elle est si bonne
cette postérité , avant qu'elle existe !
— Vous dites qu'on ne lit pas et
qu'on 'n'a pas le temps de lire ! cependant les libraires vendent beaucoup de livres. — Je vous réponds
d'abord, qu'au temps présent, c'est
rarement pour lire un livre qu'on
l'achète ; c'est pour l'avoir. Ce qui
n'est pas la même chose. Et encore
je vous le demande , quels livres
achète-t-on ? Non, pas des livres, mais
des *abrégés* de livres, des *précis*, surtout beaucoup de *résumés*. Nous n'a-
vons plus qu'une littérature en rac-
courci. On assure qu'il y a une commission de l'Académie chargée d'examiner la question de savoir: si, dans
l'état actuel de notre civilisation, de

nos besoins et de nos occupations,
il ne serait pas convenable de condamner et de proscrire, comme contraires aux règles de la *Grammaire*,
toutes les phrases qui dépasseraient
deux lignes d'écriture , ou deux se-
condes de temps à la lecture , et
d'abolir l'usage des vers de six pieds.
Après cela, on s'étonne de voir dans
les grands corps littéraires des hommes qui n'ont jamais écrit une ligne.
Ils n'ont pas écrit ! et pourquoi ?
C'est qu'ils n'ont pas eu le temps
d'écrire. Ce n'est pas leur faute :
c'est la faute de leur siècle. S'ils
avaient écrit, auraient-ils eu le temps
d'aller se faire écrire chez tous les
gens en place ! — Je vois que vous
vous fâchez tout rouge , et que le

temps de notre conférence, absorbé par votre sainte colère, ne vous a pas laissé le loisir de me donner un avis bien motivé sur le titre de mon roman. — C'est vrai : je n'en ai pas le temps. Il est deux heures et demie. Je cours à *l'intérieur*.

CHAPITRE II.

Naissance et éducation de Cadet Roussel.

Cadet-Roussel naquit, à ce qu'on dit, en Gascogne. Je n'en suis pas très-sûr. On m'a certifié qu'il descendait, en ligne directe, de ce fameux Cadet-Roussel qui, après Don-Quichotte, est le plus célèbre héros du moyen âge. Il fut long-temps enfant, ne voulant pas quitter le berceau, dont le mouvement de droite à gauche et de gauche à droite, lui plaisait beaucoup. On eut de la peine aussi à le faire renoncer au jupon. Car porté naturellement à la tromperie officielle, il aimait assez à avoir l'air de ce qu'il n'était pas. Sa dentition fut heureuse. Et il se montra de bonne heure de grand appétit. Il n'était ni grand, ni petit, ni gros, ni mince , ni noir, ni blanc. Il avait de grandes mains , les doigts longs à la manière des procureurs d'autrefois. Il avait de plus, de ces yeux qui ne disent rien, de ces bouches qui parlent toujours. On lui reprochait peu de défauts. Seulement , il était un tant soit peu porté au vol. Mais il ne prenait jamais rien sans le demander auparavant. Ces deux actions avaient fini par se rapprocher tellement en lui, qu'au moment où sa bouche s'ouvrait pour dire *donnez-moi*, sa main se tendait déjà pour prendre. Du reste, il n'était ni emporté, ni doux, ni humain, ni cruel. Sa famille voulut d'abord lui donner le surnom de Don-Quichotte : non à cause de son caractère, qui n'avait certes rien d'aventureux, comme celui du héros de la Manche, mais pour le goût prononcé qu'il marqua de bonne heure pour les girouettes, et les moulins à vent, qu'il aimait, moins parce qu'il prenait ces choses-là pour des armées à combattre, que par la seule raison que cela tournait toujours. Il était très complimenteur de son naturel : au point que lorsqu'on lui donnait le fouet, ce qui arrivait quelquefois, il ne manquait

jamais de dire, après l'exécution,
« Je vous remercie. »

Lorsqu'il commença à lire passa-
blement, le premier livre qu'on lui
fit lire, ou plutôt le premier livre
qui lui tomba sous la main, fut le
Don Quichotte de Cervantes. Quoiqu'il prît d'abord beaucoup de goût
à cette lecture, Don Quichotte n'était
pas son héros de prédilection. Il préférait de beaucoup Sancho - Pansa,
illustre compagnon du chevalier de
la triste figure; soit que le caractère
de Sancho eut plus d'analogie avec
le sien ; soit qu'il lui trouvât plus
d'invention, plus de génie, surtout
dans ses admirables maximes, qui
sont devenues autant de proverbes,
et qu'il savait appliquer à chaque

circonstance difficile ; soit enfin,
comme il le répétait souvent lui-
même dans le cours de ses aventures,
parce que Sancho-Pansa était un de
ces hommes admirables, qui sont
propres à tout, et qui ne sont jamais
contraires à rien: ce qui est, surtout
au dix-neuvième siècle, un caractère
éminemment capable de tous les
succès. Car enfin, ajoutait-il, trans-
portez Don Quichotte et Sancho au
milieu de notre époque nouvelle ; .
jettez les dans le mouvement de notre
civilisation, qu'en ferez-vous ? Don
Quichotte ne sera qu'un héros ridicule, tandis que Sancho pourra bri-
guer honorablement bien des honneurs, bien des places. Il n'y aura
pas, dans le caractère du premier,

seulement de l'étoffe pour faire un maire de village; tandis que le second, homme adroit, conciliateur, ne s'étonnant jamais de rien et prévoyant tout, pourrait, au besoin, supporter, sans fléchir, le poids et les difficultés d'une sous - préfecture. d'ailleurs, ajoutoit-il, ce qui fait de Don Quichotte un homme déplacé dans l'état de notre civilisation, et ce qui fait de Sancho un homme excellent, c'est que le premier est un être insouciant dans son exaltation, poursuivant des chimères sans aucun but réel; au lieu que le second est l'homme du positif, le héros des précautions, le pourvoyeur des bonnes choses. Tandis que Don Quichotte s'en va, vingt-quatre heures durant, et à jeun, ce qui est bien pis, transpercer le vuide de l'air de sa lance rouillée; Sancho, homme sage, adroit et réfléchi, s'occupe du ménu des repas. On le voit fourrageant de côté et d'autre, pour préparer à son maître un repas succulent, sans lequel sa gloire allait périr de faim. Il profite lui-même de ces mets exquis; et tandis qu'il fait sa part des meilleurs morceaux, il a l'attention délicate de persuader au héros inattentif que c'était pour lui qu'ils étaient préparés; ensorte que ce dernier se figure qu'il les mange réellement; pour peu qu'il ait d'imagination : et l'on sait que Don Quichotte n'en manquait pas.

Le monologue que faisait Cadet

Roussel, est une de ces circonstances, qui dans le premier âge de la vie, décident presque toujours de toute une destinée. Surtout à une époque, où l'autorité paternelle étant singulièrement affoiblie, les enfans décident de leur vocation bien plus souvent par des monologues que par les avis de leurs parens. Cadet Roussel, se trouvant placé dans cette phase de la civilisation, il arrêta sa vocation de cette manière. C'est dire assez qu'il se décida à être ambitieux et intriguant. Ce qui est, à dire vrai, une profession assez commune: Mais enfin, c'est une profession. Car si ce n'en était pas une, que de gens aujourd'hui se trouveraient sans état!

Mais demandera, peut-être le lec-

teur, Cadet Roussel borna-t-il son
éducation à la lecture du livre im-
mortel de Cervantes? Non sans doute.
Et quoiqu'il eut une tête éminemment
administrative; quoiqu'il fut doué du
génie de l'époque, et qu'il eut pu,
comme on dit, voler tout seul et de
ses propres ailes, il sentait qu'un peu
d'instruction lui était nécessaire.

Ses parens voyant qu'il avait,
comme on dit, *envie de faire*, le pla-
cèrent dans un collége. Il y fut bien
accueilli, et bientôt bien venu de
tout le monde; non pas à cause de
ses succès, qui auraient pu lui atti-
rer beaucoup d'ennemis, mais par
ses manières douces et insinuantes,
même un peu humbles. Car il avait
une de ces figures qui semblaient

toujours vous dire, en vous abordant, *Monseigneur!* n'eussiez-vous été qu'un électeur à patente.

Cadet Roussel, obéissant à l'impulsion secrette de son génie, porta d'abord ses observations sur des objets bien au-dessus de la portée des écoliers vulgaires. Il avait alors 14 ans passés. C'était un commis en herbe. Quelqu'amour qu'il eût pour l'étude, on ne le vit point s'inquiéter de savoir combien il y avait d'élèves dans les classes ; quels auteurs on y expliquait de préférence ; si Quintilius avait le pas sur Cicéron, Juvénal sur Virgile ; ou si, quant aux auteurs français, on préférait les classiques aux romantiques ou les romantiques aux classiques ; question, au reste,

qu'on devait ignorer dans un collége
de département, avec d'autant plus de
raison, que l'université de Paris ne doit
s'en occuper que dans le courant du
vingtième siècle. Mais on le voyait
faire une cour assidue à ses profes-
seurs; il allait même quelquefois jusqu'à leur demander la permission d'as-
sister à leur petit lever. Dans le grand
nombre des élèves ses condisci-
ples, il savait exactement quel était
celui qui était fils d'un commis des
douanes : à celui-là il adressait rarement la parole. Mais il était empressé
auprès de l'enfant d'un préfet; il se
montrait respectueux , courtisan
même auprès de l'héritier présomptif
d'un pair de France. Et lorsque l'éga-
lité scholastique les faisait asseoir

l'un et l'autre sur le même banc, ou leur imposait à tous deux les rigueurs d'une même férule, il laissait toujours son compagnon passer le premier.

On doit bien penser que cette vie de courtisan prématuré, à laquelle notre héros se livrait au collége, devait absorber une bonne partie de son tems, et nuire un peu au succès de ses études. Mais il était si honnête, si complaisant, qu'on n'osait rarement le punir. Du reste il sollicitait, et il remplissait avec zèle toutes les petites fonctions administratives, que l'on destine aux élèves qui y paraissent le plus propres, telles que celles de Questeurs, de sonneurs etc. Pendant tout le tems qu'il resta au collége, il s'était fait de cette dernière

fonction une sorte de place inamo-
vible : et comme elle était donnée
par la voie des suffrages, il avait
toujours soin de se gagner beaucoup
de votes, en sonnant le dîner dix minutes avant l'heure, durant les huit
jours qui précédaient les élections.

Quoiqu'il ne fût pas des premiers
de sa classe, il n'était pas non plus
le dernier : il occupait ce juste milieu si convenable à l'homme du
monde, qui fait qu'on ne dit de lui
ni qu'il sait beaucoup ni qu'il ne sait
rien. Cependant il pouvait être con-
sidéré comme savant à sa manière. Il
s'appliquait surtout à savoir de mé-
moire le commencement d'un grand
nombre de vers de Virgile, et le titre
de beaucoup d'ouvrages français ; ce

qui a fait croire à tous ceux, qui plus tard on entendu sa conversation, qu'il savait le milieu et la fin des choses, dont il connaissait si bien le commencement. Il n'a jamais su, en entier, que ces deux vers de Virgile, où Éole offrant ses services à Junon, lui dit, en lui faisant ses baisse-mains :

. . . . .tuus, ô regina, quid optes
Explorare labor : mihi jussa capescere
*   fas est.*

Ce qu'il savait du 1er livre de l'Énéide, c'était la manière dont Didon reçut Énée, qu'il considérait comme un ambassadeur d'une puissance étrangère, accrédité auprès de sa cour ; et les honneurs que cette belle reine lui rendit. Il faisait peu de cas des larmes qu'elle donna au

2

départ du héros Troyen, ni de la manière dont elle finit sa vie et son dé-
sespoir, parce qu'il trouvait avec raison que tout cela était peu dans les
usages diplomatiques.

Du reste, il savait tout le commencement de la *Catilinaire*, qui
commence par ces mots, *quo usque
tandem*, qu'il récitait souvent à la
satisfaction de tous ceux qui l'enten-
daient, non pas avec l'accent tragique
de Talma, mais avec la dignité d'un
sous-chef qui gourmande un garçon
de bureau, en faisant voler dans les
yeux éblouis du morigéné la poussière de quelque vieux carton du
ministère. Il connaissait aussi très-
bien dans l'histoire ancienne les repas des Spartiates, dont il faisait

cependant peu de cas, attendu qu'ils n'avaient rien de ministériel; c'est-à-dire que c'étaient des dîners sans but, sans arrière-pensée, et par conséquent des dîners sans avenir. Il récitait bien la description du banquet que Cléopâtre donna à Antoine, dont elle avait envie de faire son premier ministre. Il appelait cette reine une femme de génie, et qui voyait quelque chose par de-là les plats et les assiettes. Il eût voulu qu'on eût appelé les *fourches caudines*, les *fourchettes caudines*, et que cette célèbre transaction du peuple roi se fût faite d'une manière analogue à cette dernière dénomination. Il ne trouvait aucun sens au mot fameux de *Lucullus*; *Lucullus aujourd'hui dine chez*

Lucullus, par la raison bien simple, qu'un homme, quelque puissant qu'il soit, ne s'invite à dîner lui-même que pour bien manger: ce qui ne saurait constituer un dîner politique.

Cadet Roussel avait, dans le cours de ses premières études, poussé très-loin ce genre d'observations, qu'il perfectionna plus tard; et qu'il publiera peut-être un jour sous le titre: *Des dîners, considérés dans leurs rapports avec la destinée des états, et dans leur influence sur la prospérité des peuples.*

Cadet Roussel cependant n'était pas gourmand, quoiqu'il fut moins sobre que son devancier, le héros de la Manche. Sa maxime n'était pas qu'il faut vivre pour manger, ni qu'il faut manger pour vivre; mais qu'il faut manger pour être placé. On voit donc que dans aucune biographie il ne faudra le cofondre, ni avec le fameux gourmand Monmort, qui mettait tant de génie dans ses sauces, ni avec Berchoux qui mettait tant d'esprit dans ses vers. Il n'avait non plus aucun rapport avec Vatel, qui se tua parceque la marée n'arrivait pas. Car, disait-il avec un grand sens : « On peut » bien se tuer pour avoir manqué au » dîner; mais jamais pour avoir *man-* » *qué* le dîner.

Après avoir montré la direction que Cadet Roussel écolier donnait à ses études, et le genre d'observations auquel il se livrait, on ne s'attend peut - être pas à le voir rem-

porter un de ces prix , auxquels les
pères et mères attachent une si haute
importance. Cependant il en obtint :
ce dont tout le monde, excepté lui,
fut très-étonné. Il avait de bonne
heure combiné ensemble deux élé-
mens de succès, *mériter* et *obtenir*. Il
disait qu'en thèse générale, le dernier
était la conséquence du premier ; et
qu'ainsi , qui obtient le *conséquent*
prouve nécessairement l'*antécédent*.
C'est tout ce qu'il avait retenu de sa
logique du père Lami.

Il avait calculé six mois d'avance
quel était le prix qui lui convenait
le mieux ; il avait jugé que c'était
ce qu'on appelle dans les pensions le
prix d'*honneur*. Il appréciait moins
ce prix d'après sa valeur réelle, que

d'après la possibilité qu'il y avait pour lui de l'obtenir. Car le prix d'*honneur* est un prix d'estime, qui n'est le résultat d'aucune composition spéciale. C'est d'ailleurs le prix que l'on peut le mieux au collège emporter, non pas à la pointe de l'épée, mais à la pointe de la fourchette. Il avait trop de bon sens pour ne pas voir que ses études particulières sur le *ministérialisme* des Grecs du tems d'Alcibiade et des Romains du bas empire, lui seraient d'un médiocre secours pour remporter un prix de thême ou de version; et que, lors même qu'il aurait connu, à un pouce cube près, la capacité de tous les amphores de la république romaine, cela ne lui aurait donné aucune facilité à traduire un passage de Tacite, de Perse ou de Martial. Voici donc ce qu'il fit.

Il avait remarqué que le Principal du collége était assez gourmet ; ce qui est une qualité essentielle au siècle actuel en ceux qui veulent protéger. Qui dîne bien, protège ; et qui donne à dîner est protégé : voilà l'axiòme. celui-là n'est pas de Sancho ; il est de M. de C.*** Il savait encore que le Principal allait souvent en ville, chez un ami de son père ; mais il n'y dînait pas. Il s'agissait de faire en sorte que le Principal y dînât. Cadet Roussel écrivit à son père ; lequel écrivit à son ami en lui envoyant un bon jambon de Mayence. Celui-ci, que visitait le principal, reçut de

Cadet Roussel quelques bouteilles de
vin de Malaga. Le Principal fut invité
à venir goûter le vin. Mais on ne
pouvait goûter le vin qu'au dessert.
Comme on ne pouvait pas servir le
dessert avant le dîner, on dîna. Le
jeune Cadet Roussel déploya, ce jour-
là, une amabilité vraiment digne de
la plus haute bureaucratie. Il versa
force rasades au Principal; qui, au
sixième coup, promit tout ce qu'on
voulut. Cadet Roussel, heureux par
l'imagination, se transportant au jour
de la distribution solennelle des prix,
se voyait la tête ceinte d'une couronne,
arrosée de vin de Malaga et enrichie
de tranches de jambon. Ce qui était
bien fait pour le flatter. Mais il
n'était pas difficile sur la gloire:
comme on le verra ci-après.

CHAPITRE III.

La Vocation.

Cadet Roussel ayant fini au collége son année de rhétorique, qu'il couronna heureusement en remportant le prix d'honneur, de la manière dont nous l'avons rapporté, (laquelle ne prouvait pas précisément qu'il fut très-fort en amplifications), retourna chez ses parens. Ceux-ci habitaient une petite ville, chef-lieu d'une sous-préfecture, et possédant de plus un tribunal d'arrondissement, circonstances qui ne laissaient pas de donner aux habitans une grande importánce : comme on le voyait assez à leur air. Du reste, on trouvait là ce qu'on trouve partout : des femmes coquettes, des maris grondeurs, un juge-de-paix avec son greffier, un maire avec son secrétaire, un sous-préfet avec son cuisinier. Il y avait aussi un concert de rigueur, où l'on jouait et chantait faux régulièrement deux fois la semaine. Du reste, quoique la population fut moitié libérale, moitié royaliste, cela n'empêchait pas tout le monde de vivre parfaitement d'accord ; si ce n'est que les libéraux traitaient habituellement les royalistes d'*ultras*, et que les royalistes appelaient les libéraux, *révolutionnaires*. Mais c'est la mode.

Le premier soin de Cadet Roussel en arrivant chez son père, fut de lui demander d'abord, s'il ne jugeait pas convenable d'aller faire une visite aux notables de l'endroit. Cès visites, ont cet avantage qu'elles mettent les visités dans la nécessité d'accabler de complimens les visitans. Aussi Cadet Roussel, en homme qui sait le monde avant de l'avoir vu, se laissa-t-il dire partout qu'il avait remporté tous les prix au collége. Car il avait l'habitude de ne jamais contredire ceux qui lui parlaient.

Quelques mois s'écoulèrent dans cette heureuse insouciance, qui accompagne toujours les jeunes gens au sortir de leurs études; et au moyen de laquelle ils tachent d'oublier en

peu de mois ce qu'on leur a appris
avec peine pendant beaucoup d'an-
nées. Mais Cadet Roussel ne perdait
pas tout-à-fait son tems. Que faisait-
il donc ? Il observait.

Tout en étudiant les autres il s'é-
tudiait lui-même. Il se disait souvent:
« Je sens que j'ai de l'ambition dans
» le cœur. La carrière militaire pour-
» rait me sourire. Si je devenais
» maréchal de camp! Mais non. Je ne
» veux pas d'un état où il faut se faire
» tuer pour arriver à quelque chose.
» Médecin ! c'est l'inverse ; il faut
» tuer pour parvenir. Mon père in-
» clinerait pour que je fusse dans la
» chicane. Il est vrai qu'on y gagne
» beaucoup d'argent; je dis gagner
» parce que le mot est plus honnête.

» Mais le nom de procureur est si
» ridicule. Il est vrai qu'on dit *avoué*
» maintenant. Juge ! c'est bien diffi-
» cile. Il aurait fallu me mettre sur
» les rangs, si cela eût été possible,
» au commencement du 18e siècle :
» Car les juges de notre tribunal,
» étant tous parens, il est clair qu'ils
» feront nommer tous leurs enfans
» et cousins avant moi.... A la cour
» d'appel ! C'est la même chose. Il
» n'y a pas jusqu'au greffier, qui ne
» soit cousin du premier président,
» lequel est cousin du garde des
» sceaux. En sorte que lorsqu'il y a
» un nouveau-né dans cette grande
» famille, on est sûr qu'il y a va-
» cance à la cour; tous les prési-
» dents, conseillers et greffiers se

» trouvant invités de droit, *ipso jure,*
» au baptême. Du reste, je ne pré-
» tends pas être venu au monde pour
» corriger les abus, mais plutôt pour
» en profiter. Car les abus sont la
» fortune de la génération présente.
» Réformez les abus, vous lui enlevez
» son gagne-pain. Or, le premier
» besoin est de vivre, et je *conclus,*
» comme dit notre substitut du pro-
» cureur du Roi, qui est un homme
» bien habile, puisqu'il parle tou-
» jours à l'audience sans jamais ouvrir
» un livre. Il prétend que ses appoin-
» temens ne lui permettent pas de
» faire la dépense d'une bibliothèque,
» et qu'il en achetera une aussitôt
» qu'il sera nommé procureur du roi.
» Il faut donc convenir que je ne

» trouve dans tout cela aucune con-
» dition qui me convienne. Je ferais
» mieux de me jeter dans l'adminis-
» tration. C'est une carrière immense.
» Quelle foule d'emplois, depuis le
» garde champêtre jusqu'au président
» du conseil! Il faut savoir lire et
» écrire, obéir et compter. Que faut-
» il? être bien avec tout le monde;
» il faut savoir ménager tous les
» amour-propres, ce qui n'est pas
» aisé, surtout à une époque où il
» y en a tant: On a avec cela un bon
» cuisinier pour les jours de récep-
» tion et un secrétaire pour les jours
» d'audience. Mais comment faire
» pour devenir sous-préfet! »

Il consulta son ami Bonneau. Bonneau lui dit qu'il était fou. Après

cette réponse, qui n'avait rien de ministériel., il remit son cigarre à la bouche. Bonneau fumait, buvait de la bière, et jouait au billard toute la journée : C'est la vie ordinaire des jeunes gens qui ne veulent rien faire et qui habitent des chefs-lieux de sous-préfecture. C'était un garçon franc, tout rond, libéral du reste, comme la plupart de ceux qui passent leur tems au café, à boire du punch et à jouer à la carambole. Il s'était lié avec Cadet Roussel, par la seule raison qu'il le voyait fréquemment. La plupart des liaisons se font ainsi. Car on appelle son ami une personne qu'on a vu assez souvent, pour être sûr qu'on ne confondra pas son visage avec celui d'un autre.

Un jour Cadet Roussel et son ami
Bonneau se promenaient sur le bord
d'une petite rivière. L'un rêvait,
l'autre fumait. Tu es toujours rêveur,
dit Bonneau. — Tu est toujours mo-
queur, dit Cadet Roussel. — As-tu
quelque chagrin ?—Je suis amoureux.
— De qui ? — De deux demoiselles.
— Parbleu! voilà qui est fort! Et tu
les aimes éperdûment?—éperdument
n'est pas le mot. Mais il y a une
chose qui me tue. — C'est l'excès de
ton amour!—Pas précisément. C'est
l'embarras où je suis de ne savoir
laquelle préférer. — C'est un amour
vraiment classique! — Et certes ? oui
je les aime, puisque je veux les enlever! — Mon ami, il y a une chose
bien simple à faire, c'est de louer une

voiture à deux places. — Mais je ne
veux pas les enlever toutes les deux;
laquelle faut-il choisir ? — Celle que
tu préfères. — Je te dis que je n'en
préfère aucune. — Allons, tu es fou.
Laisse-moi battre mon briquet pour
rallumer ma pipe, et allons-nous en.
— Tu ne veux donc pas me donner
un conseil ? — Je ne comprends pas
un mot de ce que tu me dis. — C'est
la fille du maire et la fille du sous-
préfet. La fille du maire est riche,
plus riche que moi. Je gagne, si elle
se laisse enlever, cinquante mille
francs, déduction faite des frais de
voyage et du *pour-boire du postillon.*
— Voilà qui est raisonner. — Mais
la fille du sous-préfet me rendra
gendre du sous-préfet ! — C'est pro-

bable si tu l'épouses. — Le sous-préfet a des intelligences à la cour.
— Bon ! — Et si je devenais sous-préfet ! — Ce serait très-plaisant.
Mais la demoiselle consent-elle à l'enlèvement ! — Elle m'en a donné l'assurance.—Et la fille du maire?—Elle y consent aussi.—Tu te décides pour la fille du sous-préfet!—Veux-tu m'aider dans mon projet? Je te nomme dès à présent mon secrétaire général — C'est bien. Mais je ne vois pas le moyen de réussir !—Il me vient une idée! Les élections ont lieu dans quinze jours.—Eh bien!—Les sous-préfets se servent de tous ceux qui veulent combattre le jour de la bataille. Je suis déjà reçu chez le papa. Je lui promets une quinzaine de votes.

J'improvise trente élecueurs , comme
à *Comdon*, et je les *lâche* dans le
collége. Je vais et je viens; ce qui
me donne la facilité de voir ma pré-
tendue. Elle consent à être enlevée,
parce qu'elle a trop d'esprit pour
ignorer que sans cette condition
son père ne m'accorderait pas sa
main. Le jour des élections arrive.
Je m'entends avec le menuisier qui
doit dresser la table destinée à servir
de pupitre aux électeurs; de manière
qu'elle s'écroule plutôt ou plus tard,
et que sa chûte, en dispersant d'un
côté et d'autre, les scrutins dans la
salle, occasionne beaucoup de tumulte et beaucoup d'embarras. Les
Électeurs sont aux abois : Toute la
ville est sens dessus-dessous. Le sous-

préfet ne sait où donner de la tête :
Il court dans les rues en cherchant
sa majorité. Pour la première fois sa
femme s'ést échappée en papillotes
de l'hôtel de la préfecture, croyant
qué le feu a pris au collége. Je ne
perds pas de tems. Les chevaux sont
prêts. Je ne m'amuse pas à rétablir
l'équilibre de la table des élections.
Nous partons. On ne s'aperçoit que
nous nous sommes échappés, sans
passeports, qu'au dernier ballottage.
Les gendarmes ne peuvent courir
après nous, étant tous occupés à
parquer le collége électoral. — Ensuite , dit Bonneau. — Ensuite
nous partons , où plutôt nous
nous enlevons. Car la demoiselle
m'aime beaucoup, et je crois que

l'enlèvement se fera entre nous,
comme par une espèce d'ensei-
gnement mútuel. — Et où irez-vous ?
reprit Bonneau, qui vint à cracher.
— Où ! à Paris. Voici mon nouveau
plan. Nous nous sommes enlevés,
c'est bien convenu. Nous voilà sur la
grande route au grand galop. Comme
il fait beau (car je veux choisir un
jour de soleil pour qu'on ne m'accuse
pas de faire un rapt clandestin),
comme il fait beau, dis-je, nous met-
tons la tête à la portière. Nous res-
pirons l'air de la campagne. Je fais
remarquer à ma bien aimée les chefs-
lieux de préfectures, les sous-préfectures, les bureaux d'octroi et des
douanes, par lesquels noûs passons.
Cependant, après avoir couru une

cinquantaine de lieues, nous faisons
une petite halte. Nous entrons dans
une auberge. Je demande une plume;
et j'écris à M. le sous-préfet, mon futur
beau-père, la lettre, ou plutôt la cir-
culaire, dont j'ai le brouillon dans ma
poche, et que je vais te lire.

Monsieur le Sous-Préfet,

« Mademoiselle votre fille, que j'ai
» eu l'honneur d'enlever, comme
» vous le verrez ci-après, parcequ'elle
» vous mande elle-même au bas de
» ma lettre, m'ayant fait l'amitié de
» prendre quelqu'amour pour moi,
» me charge de vous demander ex-
» cuse pour l'un et l'autre de nous
» de ce qui vient d'arriver. Veuillez
» croire, monsieur, que nous n'avons

» agi que dans les meilleures inten-
» tions ; et que la seule espérance de
» m'entendre nommer votre gendre,
» a pu m'engager à faire cette dé-
» marche. Du reste, vous pouvez
» être, ainsi que madame votre
» épouse, parfaitement tranquilles
» sur le compte de mademoiselle
» votre fille, ayant eu soin moi-
» même de faire viser son passe-port
» dans tous les endroits par où nous
» avons passé, conformément à la
» loi. Elle est d'ailleurs auprès de
» moi comme auprès d'un mari ; et
» je ne souffrirai pas qu'elle soit
» insultée par qui que ce soit. Je ne
» pense pas que vous ayez mis à nos
» trousses la gendarmerie qui est à
» votre disposition ; ce dont je serais

3

» bien fâché, parcequ'elle manque-
» rait pendant ce tems-là pour faire
» la police de votre ville, où il y a,
» comme vous savez, beaucoup de
» mauvais sujets. Nous allons sur
» Paris, où je vous prie de nous
» faire tenir votre consentement sous-
» bande et poste restante; ne sachant
» pas encore où nous irons loger.
» Cependant, comme je dois être re-
» commandé, en arrivant dans la
» capitale, à quelques seigneurs de
» la cour, vous pourrez, quant aux
» lettres suivantes, me les adresser
» chez le portier des Tuilleries, près
» la place du Carrousel et la rue de
» Rivoli. Si vous croyez que je puisse
» vous être utile à quelque chose,
» veuillez me le mander. »

Agréez , etc.

Ah! ah! ah! s'écria Bonneau, mon ami, voilà qui est bien! C'est un chef-d'œuvre de rédaction. Il n'y a aucune rature et pas un pâté. Respect, modération, convenances administratives, tout y est. Le brouillon que tu m'as montré là, vaut mieux que bien des *mis-au-net*. Je t'en donne ma parole. Je ne promets pas de t'aider beaucoup, parceque je ne suis pas très-actif. Tu peux compter sur ma discrétion. Mais il faut de l'argent.. —Tu m'en trouveras. —Je ne sais. —Nous en chercherons. Allons nous-en. J'ai soif.

~~~~~~

CHAPITRE IV.

———

Mésaventures et contre-temps. Changement de vocation.

Les hommes doués du génie administratif sont les rois de notre époque. Personne n'en doute. toutefois, malgré cet avantage qu'ils ont sur leurs contemporains, la fortune ne laisse pas de leur être quelquefois infidèle. Elle fait des niches à tout le monde. Elle en réservait une singulière à notre héros.

Il attendait, balancé entre la crainte et l'espérance, le grand jour des élections. L'espèce de désordre qui régnait à la sous-préfecture, par le mouvement immense de ces sortes d'opérations, était toutefois très-favorable à notre amant bureaucrate, en ce qu'il allait et venait sans être remarqué. La femme du sous-préfet, qui partageait, dans ses sortes de crises, les angoisses de son mari, surveillait alors beaucoup moins sa fille : Celle-ci, par conséquent, aimait sigulièrement les élections.

C'est qu'on ne se fait pas une idée de l'état d'une sous-préfecture, pendant les huit jours qui précèdent l'affaire des élections ! D'abord, tous les travaux ordinaires des bureaux sont interrompus. La moitié des commis est employée à porter des lettres d'invitation , de recommandation , de félicitation ; l'autre moitié est utilisée à la cuisine. A cette époque, on dîne tout le jour à la sous-préfecture. Pendant ce tems de *presse*, madame donne audience ; et mademoiselle, au lieu d'étudier son piano, copie des lettres et des circulaires; la femme-de-chambre taille des plumes , et le petit bambin qui , ce jour-là, ne va pas en classe , est employé à collationner des listes d'électeurs. Il pleure et grimace en récitant la litanie électorale : dans les distractions fréquentes que lui occasionne la vue de son cheval de bois, en *disponibilité* à l'autre extrémité de la chambre, il saute quelquefois par-dessus deux ou trois noms ; ce qui pourra, par la suite, donner lieu à une pétition à la chambre des députés, pour faire annuller les opérations du collége. Au dehors, la porte est sans cesse entourée de gendarmes, qui, transformés en estafettes, vont et viennent dans la banlieue. Les garde-champêtres arrivent, portant les dépêches des maires qui gissent au fond de leur havre-sac, côte à côte avec le lièvre ou la bécasse. Chargé de la double commission, le courrier piéton du village ne sait, à cause de la diversité des destinations, s'il doit débarquer dans la cuisine ou dans le cabinet particulier. Le plus souvent, il entre, en arrivant, dans la cuisine qui se trouve au rez-de chaussée. La cuisinière, à qui on présente en même temps, la bécasse et la lettre, et qui confond facilement l'accessoire avec le principal, met la bécasse au salmis et se sert de la lettre du maire pour *papilloter* des côtelettes de veau. L'auteur de la lettre, qui vient le lendemain dîner chez le sous-préfet, est tout étonné de voir qu'on lui renvoie sur son assiette le menu de sa correspondance, et dans l'empressement avec lequel il mange les côtelettes, il court le risque d'avaler sa signature, conjointement avec celle de son secrétaire.

Parlerons-nous des estaffettes qui arrivent sans cesse du chef-lieu de département, et qui importunent de leurs bruyans coups de fouet les pai-

sibles habitans de l'endroit. A mesure qu'ils approchent de l'hôtel du
sous-préfet, les gobe-mouches de la
ville, qui rôdent par-là, se rangent
respectueusement en deux haies. Le
postillon est à la porte : M. le sous-
préfet est sorti. Vîte on court chez
M. le curé, chez M. le maire, chez
M. le président. Enfin on le trouve
tête-à-tête avec M. le procureur du
roi , commençant une partie d'é-
checs. Imprudent ! Un sous-préfet
jouer aux échecs aux approches des
élections ! Si le ministre le savait !
Les Grecs jouaient aux échecs devant les murs d'Illium : mais le siége
de Troie dura dix ans, et les élections ne durent qu'un jour.

Le jour des élections arrivait. Il

arriva. Le soleil se leva comme à l'ac-
coutumée. Ni Cadet Roussel, ni sa
future, ni le sous-préfet, ni la sous-
préfette, n'avaient fermé l'œil durant
la nuit ; mais l'insomnie des uns
et des autres n'avait pas les mêmes
motifs.

Le tambour se fit entendre dès le
matin. On eut même tiré les deux
boëtes, qui composaient tout le matériel d'artillerie de la ville, si on les
eût trouvées. Elles étaient éga-
rées depuis 1815, époque à laquelle
elles avaient été transportées sur un
pan de muraille, qu'on nommait les
remparts de la ville, pour repousser
un gros de cavalerie des troupes al-
liées, fort d'une vingtaine de mille
hommes.

Malgré cela , la fête fut complette.
Les choses se passèrent dans un si
grand ordre que Cadet Roussel en
fut désolé. Il comptait sur le tumulte; et le tumulte n'arrivait pas.
Il allait et venait de l'hôtel de la sous-
préfecture à la salle du collége. On
se rappelle que son principal complice, (complice muet s'il en fut
jamais) était la table destinée à écrire
et à dépouiller les scrutins. Impatient,
et voyant que l'événement sur lequel
il comptait, se faisait trop attendre, il se hasarde à courir la chance.
Sa chaise de poste était prête à la
porte de la ville. Sa belle était à la
fenêtre, et n'attendait qu'un signal
pour ôter ses papillottes et pour
descendre.

Le signal est donné. La maman est sortie ; elle est allée chez une de ses amies qui demeurait vis-à-vis le local destiné à la réunion des électeurs, afin de savoir à point ce qui se passait dans l'assemblée. Les amans sont auprès de la voiture. Ils montent. Les chevaux partent. On fait cinquante pas. Une roue mal emboitée se détache. La voiture se penche mollement sur le côté et s'arrête au bord d'un fossé. Pendant le désordre inséparable d'une demi-chute, le schal de la demoiselle avait quitté ses épaules. Livré aux caprices du vent, il s'en retournait en arrière, et semblait vouloir aller tout seul avertir les gens de la sous-préfecture de ce qui se passait. Il n'en fut pas

besoin ; une femme employée dans
la maison se trouvant sur la route,
reconnut et le schal et la demoiselle.
Voyant l'événement, elle crut que la
fille du sous-préfet s'était rompu le
col, et dans l'indiscrétion et l'ardeur
de son zèle, elle voulut, malgré tous
les efforts que l'on fit pour la rete-
nir, aller chercher de l'eau de Colo-
gne à la sous - préfecture. Ainsi tout
fut éventé. M. le sous-préfet traita
sa fille de manière à lui faire passer pour long-temps le goût des élections. Et Cadet Roussel retourna tout
honteux se cacher dans sa chambre;
où il médita à loisir jusqu'au lendemain matin sur les caprices de sa
destinée.

CHAPITRE V.

Cadet Roussel se décide à partir pour Paris.

Les caquets des femmes de la ville, firent de l'événement que nous venons de raconter un si grand scandale, que le sous-préfet eut quelque peur pour sa place : surtout si la chose (ce qui ne pouvait manquer d'arriver) allait aux oreilles du préfet, qui les ayant longues, entendait de très-loin.

Cadet Roussel resta caché dans sa chambre pendant quelques jours, dans la crainte de quelques-unes de ces mésaventures qui arrivent dans ces sortes de cas. Mais il s'ennuya bientôt de sa retraite forcée. Ce n'est pas qu'il eût l'amour en tête. Il tenait peu, du reste, à la fille du sous-préfet, depuis le moment où il avait cessé d'espérer pouvoir tirer de cette affaire une sous-préfecture à son profit.

La situation pénible dans laquelle il se trouvait, les dangers où il était de recevoir ou une fustigation ou une carte de duel, lui faisaient un devoir de s'éloigner de son lieu natal. Il sentait d'ailleurs qu'il n'était pas né pour un si petit théatre, et que son ambition serait toujours trop à l'étroit, renfermée dans l'enceinte d'un chef-lieu d'arrondissement. En conséquence, il fait son paquet et s'occupe d'aller chercher fortune ailleurs. Il donne à son père, qui du reste s'inquiétait assez peu de lui, les prétextes que tous les jeunes gens, même ceux qui n'ont pas la bosse administrative, trouvent en de semblables occasions.

Il partit par la diligence, pendant la nuit, afin de n'être pas remarqué. Il avait avec lui une petite valise qui contenait peu d'argent, mais une collection complète de portefeuilles, soit en maroquin, soit même en peau de veau et en peau d'âne, avec une bonne main de papier ministre.

Il ne fit point, en s'éloignant du lieu de sa naissance, quelques-unes

de ces exclamations intérieures et
sentimentales, auxquelles il ne man-
que d'ordinaire que la rime pour en
faire des vers. Il partit en homme
d'affaires; ce qui veut dire qu'en
partant, son premier soin fut de
songer s'il n'oubliait rien, pas même
son bonnet de nuit.

Voilà Cadet Roussel dans la diligence. Comme il ne voyait personne
avec qui il pût lier conversation, il
essaya de dormir; ce qui ne lui était
pas difficile, vu qu'il faisait ordinairement de son corps tout ce qu'il
voulait.

Lorsque le jour commença à poin-
dre, Cadet Roussel jeta les yeux autour de lui et chercha à reconnaître
le statistique de la diligence. « Elle

» est bien pleine la diligence ! Je ne
» suis plus étonné d'avoir eu tant
» de peine à me placer. Tout le monde
» dort, ou au moins, tout le monde
» a l'air de dormir. Voici d'abord le
» conducteur qui est entré à l'*in-*
» *térieur*, pour céder sa place à
» une jolie femme. Cela est galant.
» Il dort; c'est de droit. Il ne
» s'éveille que lorsque la voiture
» s'arrête. Ses yeux sont payés pour
» ça. Qui peut être ce gros gaillard
» qui ronfle si haut dans le fond de
» la voiture, et dont le large ventre,
» obéissant aux mouvemens de la
» voiture, va faire une incursion,
» tantôt sur la cuisse de son voisin
» de gauche, tantôt sur le dos re-
» courbé de son voisin de droite ?

» Certes, voilà un physique bien
» ministériel ! mais ce ne peut être
» un employé. Un bureaucrate ne
» doit jamais dormir en compagnie:
» d'abord, parce qu'en dormant on
» est exposé à rêver tout haut; et
» parceque, dans la société où l'on se
» trouve, il peut se rencontrer un
» commissaire de police qui écrive
» pendant qu'on rêve. Mais son voi-
» sin ! Comme il a l'air pacifique ! On
» dirait qu'il est penché sur un
» bureau, et qu'il s'est endormi en
» taillant sa plume. Sa tête va et vient
» par un léger balancement, et il
» salue en dormant: Ce doit-être un
» secrétaire général. En voilà un au-
» tre qui a l'air un peu faché: C'est
» peut-être un homme tout fraîche-

» ment destitué et qui va à Paris pour
» se faire réintégrer. Comme les deux
» côtés de sa figure se ressemblent
» peu! A droite, il a l'air de sourire
» humblement en présentant une
» requête à son excellence ; à gauche,
» il y a de la colère, même du dé-
» sespoir, et l'on jurerait que cette
» joue là écrit un acte d'accusation
» contre un ministre : C'est une joue
» à la *Coussergues*. Je passe monsieur
» le curé, qui s'est endormi en disant
» son bréviaire. J'arrive à un homme
» vert ; c'est un commis des douanes.
» C'est singulier ! il ne dort que d'un
» œil : C'est la vigilence personnifiée.
» Son œil qui ne dort pas, est depuis
» long-temps fixé sur le fichu de
» cette jolie fille qui sommeille vis-

» à-vis : il est probable que c'est pour
» examiner si le fichu est de mar-
» chandise Anglaise. »

Cependant un rayon de l'aurore
entre dans la voiture : il tombe à plat
sur le nez du gros ronfleur. L'aurore
se trompa : ce n'était, ni le nez, ni
la bouche de Céphale. Quoiqu'il en
soit, le ronfleur se réveilla, et comme
il aimait à donner le ton partout où
il se trouvait, il engagea, par un
baillement à tue-tête, toute la compagnie à s'éveiller. Ce qui fut fait.

Il voulut parler politique, mais il
ne trouvait point d'interlocuteur ;
personne ne lui répondait. Celui que
Cadet Roussel avait pris pour un secrétaire général, voyant que la conversation tournait à la politique,

s'était décidé à s'endormir de plus
belle. Le douanier prenait la politique pour de la contrebande, et n'en
voulait pas. L'homme supposé destitué, ne pouvait faire comme nous l'a-
vons vu, de la politique que d'un côté;
et justement ce côté-là se trouvait
tourné vers le secrétaire endormi.

CHAPITRE VI.

——

Cadet Roussel rencontre le commis voyageur d'un journal, qui l'aide à continuer sa route.

Cadet Roussel étant presqu'au bout de ses deniers, résolut de s'arrêter dans un village, pour aviser aux moyens de continuer sa route, car à mesure qu'il voyait arriver la fin de son pécule, il réfléchissait prodigieusement. Il fit donc ses adieux à ses compagnons de voyage, et il leur dit qu'il allait prendre les traverses.

Il mit pied à terre dans une auberge de médiocre apparence. Son
premier soin fut d'aller se promener
autour du village pour examiner les
anciens remparts. Car on sait que
tous les villages d'aujourd'hui ont la
prétention d'avoir été des villes autrefois.

Il rêvait ! à quoi ? à sa fortune ,
un peu à la fille du sous-préfet ,
beaucoup aux sous-préfectures. Il
aperçoit à quelques pas devant lui
un monsieur qui avait l'air aussi de
rêver ; peut-être même rêvait-il aux
mêmes choses. Cette conformité con-
tingente établit entr'eux une sorte
de sympatie. Ils se rencontrèrent ;
se saluèrent, et entreprirent ensemble conversation. — Monsieur vient

de Paris, peut-être ! — Non : j'y vais.
— Nous pourrons faire route ensemble. — Sans doute, des affaires importantes vous appellent dans la capitale ! — Pas précisément. — Je l'habite depuis long-tems. Si je pouvais vous y être utile ! — Vous êtes trop bon, me permettriez-vous dans ce cas de vous demander...—Je suis en ce moment commis voyageur.—D'une maison de commerce !—Non d'un journal.—Je ne croyais pas qu'un journal fut comme une boutique. — Les abonnés ne sont-ils pas des consommateurs ! — Et vous leur portez des échantillons? — Oui, une collection d'anciens numéros. — C'est une singulière marchandise que celle-là : Pour vendre le drap neuf vous éta.

lez le drap vieux. — Allons à l'auberge, je vous ferai voir celà.

Ils rentrèrent dans l'auberge. Il y avait là un marchand forain, que le commis voyageur avait fait appeler pour lui proposer un abandonnement. Comme il était vendeur de chevaux de son métier, il s'imagina tout naturellement, qu'on allait lui proposer quelque bonne et belle bête à acheter. C'était un homme bien cuirassé, guêtres de peau, culotte *idem* et gilet *du même*. Cadet Roussel avec son compagnon entrent. Le maquignon se lève et salue. Le commis-voyageur, qui a la vue basse, le voit à peine, (tous les employés de ce journal était en partie aveugles ou borgnes.) Il l'engage à

le suivre. On monte au premier
étage. L'homme aux chevaux s'é-
tonne; il s'attendait d'être conduit à
l'écurie. On arrive dans la chambre
du commis. Quel magasin ! les numéros de toute l'année précédente
étaient étalés autour de la chambre
comme des images. — Monsieur est
sans doute marchand de papier ? dit
le maquignon. — Il y a papier et
papier, dit le commis, avec hauteur.
— Je le préférerais blanc, reprit son
interlocuteur , et si vous ne l'aviez
pas sali et gribouillé comme cela, je
vous en aurais acheté quelques rames.
— N'êtes vous pas le maire du village de la montagne? — Oui, monsieur. — Eh bien , je vous avais fait
appeler pour vous proposer un abon-

nement. — Je suis maquignon pour vous servir; et je m'abonnerai si c'est à la compagnie qui assure la vie des chevaux. — Peste soit de l'insolent ! — Monsieur, je vous dis la vérité; vous pouvez demander ici à tout le monde, si je ne suis pas maquignon. — Je vous en fais compliment. Mais nous ne pouvons pas faire affaire ensemble. — Je vous tire ma révérence.

Dans ce moment entra un gros monsieur noir. C'était un curé de campagne.—Messieurs n'est-ce pas ici que l'on vend!... car voici la carte que l'on a eu la bonté de m'envoyer : *Messieurs les curés sont prévenus, et on les prie de prévenir leurs paroissiens, qu'il y a dans ce*

moment un commis-voyageur du jour-
nal.... qui fait des abonnemens au
rabais, prend des commandes, et
vend toute sorte de numéros en gros
et en détail.—C'est moi , monsieur ,
qui suis chargé.... dit le commis-
voyageur. Si vous voulez , nous
pourrons nous entendre. Je vous
céderai un assortiment de numéros.
Choisissez. Voici d'abord (en mon-
trant les numéros avec sa hous-
sine): « voici d'abord ici le congrès
» de Vérone: On y voit tous les princes
» d'Europe avec leurs différens cos-
» tumes , cordons, etc. Ici, vous vo-
» yez le ministère français qui déli-
» bère touchant la guerre d'Espagne:
» d'un côté, il ne la veut pas tout-
» à-fait ; de l'autre , il la voudrait

» quasi : Ce qui fait qu'il y a un mi-
» nistre qui la voudrait tout-à-fait et
» qui s'en va quasi. Ce qu'on voit
» dans le plus grand détail, avec
» tous les personnages dans leurs
» costumes. Viennent ensuite les opi-
» nions différentes sur cette grande
» affaire avec leurs couleurs et livrées.
» Dans toute cette partie là que je
» vous montre, et où tous mes numé-
» ros se tiennent droit sur leurs
» feuilletons, comme des coqs en
» pâte, vous avez tous les détails de
» cette guerre, où l'on voit que tan-
» dis que l'armée vole à la victoire,
» plusieurs personnages de distinc-
» tion volent l'armée. Plus loin, on
» voit comment le ministère voulait
» qu'on prit Mina, sans le prendre ;

» et comment un fameux général est
» puni pour avoir voulu le prendre
» tout-à-fait, tandis qu'on voulait
» qu'il ne le prit que par le bout de
» son habit. Ici, sont tous les succès
» de l'armée française: Ces numéros
» étendus là, sont comme une ver-
» dure, tant il y a de lauriers dedans.
» Voilà la fin de la guerre, et un
» ministre qu'on renvoie, parce
» qu'ayant un porte-feuile, il s'était
» mis dans la tête qu'il était ministre.
» Enfin, si vous aimez mieux ces
» numéros qui sont étalés sur le
» lit, et qui ont l'air de dormir,
» vous y verrez un ministre qui
» reste tout seul, quoique personne
» ne s'en aille; ensuite les détails d'une
» grandechambre de repos que le mi-

» nistre a fait faire dans son apparte-
» ment, et dans laquelle il veut dormir
» sept ans. Cette envie de dormir ré-
» veille aussitôt bien des gens. On voit
» ici, aux pieds de monsieur le curé,
» une belle loi, qui fait perdre à tout
» le monde et qui ne fait gagner per-
» sonne. Cette loi passe par une porte
» et ne peut pas ensuite passer par
» l'autre : parce qu'elle s'enfle, en
» allant, étant attaquée d'hydropisie:
» ce qui fait qu'elle tombe en eau.
» Enfin, vous y verrez, vous y ver-
» rez.... » mais, messieurs, je m'aperçois qu'il est inutile que je m'épou-
mone ici. Vous jugerez les choses par
vous-mêmes. Voulez-vous que nous
allions dîner ?

Le curé trouva cette dernière idée

excellente. Il part le premier vers la cuisine. Plumatout (c'est le vrai nom du commis voyageur), et Cadet Roussel le suivent. Le curé mangea bien; but mieux encore. Et comme il voyait le motif pour lequel on lui faisait faire bonne chère, il promit de prendre une collection de numé-ros, et de faire abonner la *fabrique* de son village. — Mais enfin ma collec-tion de numéros, comment la trou-vez-vous, s'écria le commis voyageur journaliste? — Superbe, dit le curé, en avalant une cuisse de poulet. « Si vous voulez m'en accomoder d'un exemplaire , je la placerai merveil-leusement dans mon cabinet d'his-toire naturelle. Combien en voulez-vous de votre collection ? — Nous

nous entendrons. — Mais je la veux complète, entendez-vous, avec toutes les *variantes*. — Je pourrai même vous livrer la collection empaillée , comme elle se trouve encore dans mon fourgon. Quand voulez-vous la faire prendre ? — Dans une heure : car demain je vais en campagne. J'ai un voyage à faire à dix lieues d'ici, du côté de Paris. — Si vous voulez nous ferons route ensemble ? — C'est dit. Le curé arrosa sa promesse de partir avec nos deux voyageurs d'un bon verre de vin. C'est ainsi qu'il avait l'habitude de donner des arrhes.

On se sépara. Le curé alla faire son paquet de départ, et emporta sa collection de numéros. Il faillit de succomber plusieurs fois en route sous l'énormité du poids.

Cadet Roussel avait été ce jour-là, plus ministériel qu'à l'ordinaire, c'est-à-dire qu'il avait beaucoup mangé, et beaucoup observé. Car les ministériels observent beaucoup.... les convenances.

Il s'était attiré l'amitié du commis-voyageur, qui avait vu en lui l'étoffe d'un éditeur responsable pour un journal de la grande caisse. Offre fut faite à Cadet Roussel de partager la monture du commis. Toute la nuit qui précéda le jour du départ, Cadet Roussel fit des rêves de fortune. Il ne songeait plus aux sous-préfectures. Sa destinée grandissait; et il aspirait à quelque chose de mieux.

CHAPITRE VII.

Le trio ministériel à cheval. Le départ.

On fut debout de bonne heure. Le curé, avec sa valise, était déjà à la porte de l'auberge, lorsque cinq heures sonnaient. Il frappa si rudement que toute l'auberge fut en émoi. La servante cria, d'une voix endormie : « Qui est là ! » Les chevaux hennirent dans l'écurie; les poulets de la basse-cour chantèrent : Cadet Roussel s'éveilla.

Le commis - voyageur s'éveilla aussi. Il est déjà en chemise au

haut de l'escalier. « Garçon... Antoine! de l'avoine, vite l'avoine! —
Monsieur est-il bien pressé?— Oh!
c'est vous M. Rondet : où est le garçon? Ouvrez à M. le curé, et faites
donner l'avoire au cheval. Nous voulons partir. — M. le curé demande à
déjeûner. — Oh bien! l'avoine et le
déjeûner. Et vite.

On se presse. M. le curé est à
table. On boit et l'on mange à la
hâte. On se prépare; on est prêt. Et
Cadet Roussel! il est là; il a bientôt
fait son paquet, par la raison bien
simple qu'il n'a ni malle ni valise.
On est devant la porte de l'auberge. — Antoine, amenez le cheval
de monsieur, dit M. Rondet.—Et
votre monture! M. le curé, s'écria le

commis - voyageur. — Monsieur, je voyage toujours à pied, avec mon bréviaire.— Mais je ne souffrirai pas que vous soyez à pied tandis que nous serons à cheval. Voulez-vous en accepter le tiers? — Mais votre bête n'y tiendra pas— C'est un animal qui sait se faire à toutes les circonstances. Nous marcherons un peu, chacun à notre tour.

Tout se passait ministériellement entre ces Messieurs, c'est-à-dire que tout ce qui était offert était promptement accepté.

Il reste une difficulté à résoudre. En supposant que le cheval portera le triple faix, comment ces Messieurs s'arrangeront-ils sur la bête? Car on ne va pas aussi facilement trois sur

un cheval que quatre sur un *canapé*.
Les trois écuyers sont rangés en
ordre de bataille devant la pauvre
rossinante. Qui montera le premier?
— M. le curé, nous vous prions de
monter. — Non, Messieurs, j'abuse
de votre complaisance. — Nous ne
souffrirons pas. Placez-vous au centre.
— Non. Nous mettrons monsieur,
en désignant Cadet Roussel, qui est
le plus mince, entre nous deux, afin
de lui épargner les secousses.

L'ordre de station étant ainsi ar-
rêté, on prend place. Le curé avoi-
sine la queue du cheval; le commis
est presque sur le col de la bête; et
à la moindre secousse, ses oreilles
vont fraterniser avec celles de l'animal. Le curé, qui ne se trouve pas

très-rassuré sur les derrières, Plumatout, qui n'est pas très-fort en équitation, se laissent doucement retom-
ber vers le milieu du cheval, et étouf-
fent Cadet Roussel, au moyen de ce
double mouvement de centralisation.
La pauvre bête, de son côté, plie sous
le fardeau de nos ministériels, chargée comme un contribuable, et tré-
buche à chaque ornière. On va sans
rien dire, parce qu'on a peur de
tomber, et que la peur coupe la parole. — Messieurs, êtes-vous bien, dit
Plumatout.—Pas mal, dit le curé.—
Parfaitement, dit Cadet Roussel, qui
est sur le point de se trouver mal.

Comme le chemin devenait plus
mauvais, la situation de nos voyageurs empirait à chaque instant.

Celle de Cadet Roussel était toutefois
la plus insupportable des trois. Car
dans un mauvais pas, le curé avait
passé ses bras autour du ventre de
Cadet Roussel; et il ne le lâchait
plus. Et comme il avait entrepris avec
le commis-voyageur une discussion
politique, il lui arrivait à chaque
instant de prendre le ventre de Cadet Roussel pour une chaire, qu'il
frappait à coup redoublés afin d'ap-
puyer ses argumens. Aussi Cadet
Roussel tremblait-il de plus belle,
lorsqu'il voyait arriver une conclu-
sion. Le commis-voyageur gesticu-
lait et déclamait par devant. Et c'é-
tait une chose assez bizarre, de le
voir ainsi pérorer en plein air cet
auditoire en croupe, qui se trouvait

au rebours de l'orateur. Il arrivait quelquefois que dans la chaleur du débit, sa main effleurant l'oreille du cheval, la surprise faisait trébucher ce dernier ; circonstance qui exposait tout l'auditoire à tomber sur la poussière du grand chemin, à la chute de chaque phrase.

On conçoit facilement que si la manière de voyager qu'avaient suivi ces messieurs était la plus économique, elle n'était pas la moins périlleuse. Il faudrait au moins un gros volume in - 8° pour contenir le récit de tous les dangers qu'ils coururent, et des peines infinies qu'ils eurent pour garder leur équilibre. Le moindre mouvement que faisait l'un des écuyers rompait tout-à-coup le ni-

veau, auquel était attaché leur sa-
lut. Le curé ne pouvait pas même
cracher, sans que la vie de tout l'é-
page ne fut compromise. Mais c'était
bien pis, lorsqu'une circonstance
grave mettaient nos trois Don-Quichotte, perchés sur leur unique Rossinante, dans le cas d'exécuter des
mouvemens analogues. Quand, par
exemple, il venait à passer une voiture d'une telle apparence, que le
trio pût soupçonner que c'était celle
d'un préfet, alors tout le monde,
excepté le cheval, s'inclinait respectueusement. Mais il arrivait alors
que par l'effet naturel de la loi
physique de l'emboîtement, la tête
de Cadet Roussel se perdait dans la
gibecière à journal, que le commis-

voyageur portait en guise de car-
quois, et que celle de M. le curé dis-
paraissait, y compris sa tonsure,
dans la poche de Cadet Roussel.

Cadet Roussel, qui commençait à
s'apercevoir qu'il faut bien souffrir
quelque chose, lorsqu'on veut avoir
le plaisir de rester placé au centre,
désirait ardemment d'arriver au lieu
de la halte, afin de pouvoir changer
de position. Il s'ennuyait d'alleurs
d'être si longtems un héros passif.
Et quoiqu'il eût déjà conçu un grand
amour pour l'inamovibilité, il n'en
aimait pas moins le mouvement: Ces
deux choses n'étant pas, comme l'on
sait, contradictoires.

Mais ce ne fut pas une mince difficulté, lorsqu'il fallut soulager le

pauvre cheval de son triple fardeau.
Un quart d'heure au moins fut employé en préliminaires. Dans les
longs débats d'honnêteté, qui eurent
lieu, personne ne voulait descendre
le premier. Le commis voyageur ni
le curé ne pouvant se décider à descendre l'un avant l'autre, et Cadet
Roussel se trouvant par la nature de
sa position, hors d'état de prendre
l'initiative, le commis dit : « Puisque
» M. le curé ne veut pas avoir la
» bonté de prendre le pas, je vais
» descendre par la tête du cheval :
» car autrement je ne pourrais, si je
» descendais par le côté, me tirer
» d'ici, sans risquer d'appliquer une
» portion quelconque de ma botte
» sur la figure d'un de mes collègues.

» — Eh bien, dit le curé, qui y met-
» tait de l'entêtement, puisque Mon-
» sieur descend par la tête du cheval,
» moi je descends par la queue. »
Ce qu'il fit.

Restait Cadet Roussel qui avait
bonne envie de descendre, mais qui
ne pouvait, tant il était roide et
meurtri, remuer ni pieds ni pattes,
Ce qui veut dire qu'il était *ina-*
movible, dans toute la rigueur du
mot. Cependant à force d'échelles
et de bras, on parvint à le dénicher.
Et quand on lui fit la question
d'usage, en lui demandant s'il se
sentait quelque mal, il répondit,
comme un garçon bien élevé : « Au
» contraire. »

CHAPITRE VIII.

Cadet Roussel arrive à Paris.

Nos voyageurs étaient pressés de
se coucher, pour guérir leurs meur-
trissures : Aussi leur premier soin,
en débarquant dans la nouvelle auberge, fut-il de demander de bons
lits. Ils parlèrent peu des chances de
la journée qu'ils venaient de passer
ensemble; et l'on croit, assez généra-
lement, qu'ils renoncèrent à cette manière de voyager. D'alleurs, le gros
curé était arrivé à sa destination; et

l'équipage se trouvait ainsi considérablement allégé.

Le lendemain, Cadet Roussel et son
compagnon de voyage partirent de
très-bonne heure. Le tems était beau,
la route agréable. Cadet Roussel était
ravi de joie dans l'espoir prochain de
voir Paris, cette source de toutes les
faveurs, ce grand magasin de toutes
les places; je dis magasin, parce qu'on
en vend au moins autant qu'on en
donne. Le commis-voyageur, quoiqu'il n'eût pas fait d'excellentes re-
cettes, était satisfait de rentrer au
logis. Enfin, il n'y avait pas jusqu'au
cheval, qui hennissait d'aise de se
sentir soulagé. Tout le monde était
content.

Cadet Roussel était véritablement

ému. Non qu'il fut tres-sensible,
dans le sens que l'on attache vulgairement à ce mot; mais il était, comme
Sancho Pansa, sensible à sa manière.
Son émotion devint bien plus vive,
lorsque nos voyageurs commencèrent
à apercevoir dans le vague d'un loin-
tain vaporeux, le sommet des tours
de Notre-Dame. Alors il se rappella
son cours de rhétorique, qu'il avait
suivi fort exactement, et il fit à-
peu-près l'amplification suivante :
« O ville immortelle, toi dont l'ori-
» gine est si reculée, qu'elle se perd
» dans la nuit des tems ! Que j'aurai
» de plaisir à voir tes beaux palais,
» tes beaux monumens ! Car tu es si
» riche aujourd'hui, que si Jugurtha
» vivait encore, lui qui voulait ache-

5

» ter Rome, n'aurait pas eu assez de
» pièces de cent sous pour te payer
» tout ce que tu vaux !..... »

Cadet Roussel fut interrompu dans
cette improvisation par une proposi-
tion assez brusque, que lui fit son compagnon de voyage. — Cadet Roussel,
devinez ce que vous voyez là bas,
droit vis-à-vis la tête du cheval?
Regardez par-dessus mon épaule.
— Il me semble voir des maisons, et
puis des brouillards..... Oh ! je vois
ce que vous voulez dire. Ah pardieu !
ce sont des moulins à vent. —Pas du
tout, vous n'y êtes pas ; c'est un télégraphe. —Qu'est-ce qu'un télégraphe ? —Un télégraphe est l'agent le
plus discret de tous les employés du
gouvernement. Figurez-vous un grand

homme de bois, bien maigre et bien
sec, qui ne fait autre chose, toute
la journée, que de remuer les bras
et les jambes pour le maintien de la
paix publique. — Y a-t-il long-temps
que les hommes de bois ont été in-
ventés ? — Les hommes de bois exis-
taient déjà du temps de Bonaparte.
A l'époque de la restauration, les
hommes de bois ne furent pas destitués, parce qu'ils sont censés n'avoir
pas d'opinion. — Et ce grand bonnet
doré qui s'élève dans les airs, qu'est-
ce que c'est ? reprit Cadet Roussel.
— Ce que vous appelez des bonnets,
ce sont des dômes. Mais pour me
conformer à votre langage, je vous
dirai : voici à droite le Panthéon ;
c'est le bonnet rouge : voici, au milieu,

le dôme de l'Institut; c'est le bonnet
de nuit : voici, à gauche, le dôme des
Invalides; c'est le bonnet de lauriers.
Arrêtons-nous un moment. Prenez
ma lunette et regardez : voici là, le
ministère de l'Intérieur. C'est un
grand bâtiment qui a la forme d'un
labyrinthe, dont les différentes distri-
butions sont séparées par de vastes
dortoirs. Ici, c'est le ministère des
Finances. Au-dessus, on voit flotter
un drapeau blanc, qui paraît un peu
gris, attendu qu'il y a beaucoup de
brouillards, dans la rue Neuve-des-Pe-
tits-Champs. Au-dela; c'est le ministère des Affaires étrangères, où il y
a un drapeau *blanc*, blanc. Un peu
à gauche, sont les ministères de la
Marine, qu'on n'aperçoit qu'à peine,

et le ministère de la Guerre, qu'on voit assez mal..... mais nous le verrons mieux tout-à-l'heure. Maintenant, il faut vous faire voir par ici le théâtre Français, que l'on distingue bien du théâtre des Variétés ; d'abord, parce qu'il est orné de plus grosses et plus hautes colonnes; ensuite, parce qu'il n'y a là qu'un acteur, tandis qu'aux *Variétés*, il y en a au moins six. Ce beau bâtiment que vous appercevez là bas ; c'est la *Bourse*. —Qu'est-ce que la Bourse ? — C'est un jeu de hazard sur lequel repose le *positif* des gouvernemens : C'est un baromètre qui marque souvent le beau temps quand la tempête est dans l'atmosphère ; enfin, quand la rente a dépassé le pair, la Bourse est le seul endroit où l'on peut dire, sans blesser le sens commun, que 5o et 5o font 104. Voici, de ce côté, Mont-Rouge, où il y a une belle école d'équitation. C'est là que les jeunes gens qui se destinent à remplir de grandes places, viennent apprendre à mettre le pied à l'étrier..... Mais nous voilà à la barrière de Fontaine-bleau. A droite, c'est le jardin des Plantes, où l'on voit entr'autres, un superbe cabinet d'histoire naturelle, où il y a toutes sortes bêtes, tels que des singes, des renards, des bécasses, et autres animaux d'une nature ou féroce ou timide, et que l'on rencontre maintenant quelquefois dans les rues deParis, parcequelepropredela haute civilisation, c'est de tout apprivoiser.

A notre droite, est le palais du
Luxembourg, où s'assemblent les
pairs, et qui n'est éloigné du ministère des Finances, que d'une portée
de boulet. A propos de la Chambre
des pairs, je vous ferai apercevoir
là bas, du côté des Invalides, la
Chambre des députés. plus loin et
du même côté, est la barrière de
l'Étoile, où nous devrions voir, mais
où nous ne voyons pas, un arc de
triomphe. Voilà les tours de Notre-
Dame. C'est à peu près la seule chose,
avec M. de Tal.... qui soit demeurée
à la même place depuis dix ans.
Voilà la Cité, et le palais de Justice,
entre deux eaux, c'est-à-dire entre les
deux Seines. Mais nous sommes dans
Paris. Tout-à-l'heure nous traverserons

le Pont-Neuf, où vous verrez la sta-
tue d'Henri IV, à la gloire duquel il
n'a manqué que d'avoir proposé la
réduction des rentes et la septennalité. Un peu à gauche est le Musée,
où il y a une galerie destinée à recevoir les portraits de tous les ministres déchus ou à décheoir; on dit
que cette galerie est très-vaste. Mais
nous voilà au milieu de Paris, près
du Palais-Royal.

Il y avait long-temps que Cadet
Roussel ouvrait de grands yeux, une
grande bouche, et surtout de très-
grandes oreilles, afin de mieux entendre et de mieux comprendre. Ce
qui lui arrivait rarement. Car le bruit
extraordinaire qui se faisait autour
de lui, occasionné par l'embarras des

voitures, des hommes et des chevaux, lui dérobait la plupart des
belles choses que le commis-voyageur lui disait. Mais ce qui le frappait davantage d'étonnement, c'était
la quantité innombrable de car-
rosses et de fiacres, qu'il voyait cir-
culer dans les rues. Comme, dans sa
ville natale, il n'y avait qu'un seul
carrosse qui était celui du sous-
préfet, Cadet Roussel s'imaginait que tontes ces voitures qu'il
voyait, étaient pleines de préfets et
de sous-préfets. Et il disait à
son compagnon, en tenant son
chapeau à la main : « Mon Dieu !
» qu'il y a donc de préfets dans
» Paris ! »

Comme toute sa vie il n'avait rêvé

que préfectures, ministres et ministères, il avait de la peine à entendre
ce que son compagnon de voyage lui
disait sur les différens monumens de
la capitale. Car il s'était toujours figuré cette grande ville comme une
vaste préfecture, dont l'anti-chambre
serait la plaine de Grenelle; il aurait
fait de la place du Carrousel le cabinet
particulier du premier préfet de l'état
ou du ministre ; la Seine aurait été
de l'encre au lieu d'eau, coulant entre les bureaux, afin de les abreuver
sans cesse. Et comme il se figurait
qu'un ministre était un homme beaucoup plus grand et beaucoup plus
fort qu'un autre, il s'imaginait que
les statues d'Henri IV et de Louis
XIV , qu'on voit sur le Pont - Neuf

et à la place des Victoires, remplis-
saient, dans le cabinet particulier du
ministre, l'emploi de ces marbres ,
que l'on place sur les écritures afin
de les fixer sur la table.

Nos deux voyageurs vinrent descendre dans un bel hôtel , rue de
Varennes. Cadet Roussel était au
comble de la joie d'être arrivé à Paris à si bon marché et sous de tels
auspices. Son compagnon lui avait
promis d'ailleurs de solliciter une
place pour lui auprès du grand régent de la rue de Varennes. Cadet
Roussel pensait que ce régent de la
rue de Varennes était un grand
personnage , et il avait raison.
Mais il ne pouvait se figurer qu'elle
sorte de fonctions il remplissait

dans l'état. Et il n'était pas le seul en France à éprouver le même embarras.

———

CHAPITRE IX.

Cadet Roussel est présenté au grand-Régent. On lui fait voir une manufacture qui n'est pas celle des Gobelins.

Le lendemain, le compagnon de voyage de Cadet Roussel n'était plus commis-voyageur : on l'avait transformé en rédacteur de journal. Nos deux héros firent d'abord un excellent déjeûner. Car dans cet endroit c'est toujours par là que l'on commence : on déjeûne d'abord le matin; et ensuite, au commencement de chaque action principale. Plus les affaires deviennent difficiles, plus le nombre des déjeûners et dîners se multiplie. C'est ainsi que dans la grande affaire de la Quotid... On vit les employés de la *régence*, manger presque tout le jour, et boire toute la nuit. Cadet Roussel mangea d'excellentes truffes, dont le magasin n'est plus dans la rue Saint - Germain-l'Auxerrois. (Voir l'imprimeur du journal des Débats).

Après le déjeûner, le commis-voyageur journaliste, dit à Cadet Roussel: j'ai parlé de vous au régent, et je dois vous présenter à lui ce matin. Nous tâcherons de vous employer. Je crois que nous ferons d'abord de vous un éditeur respon-

sable.—Est-ce qu'un éditeur responsable est plus qu'un sous-préfet!
reprit vivement Cadet Roussel. —
C'est selon.—Mais si l'on me propose
la place d'éditeur responsable, il
faut bien que je sache au moins ce
que c'est. —— *Un éditeur responsable*,
dans le style de l'administration de la
grande *caisse de l'amortissement de
l'esprit public*, est un homme qui n'a
à répondre de rien, puisque la grande
caisse répond de tout ; un homme
qui ne peut même pas aller en pri-
son, puisqu'il serait obligé de s'y
mettre lui-même, étant presque toujours en même tems commissaire de
police : ce qui serait assez singulier.
C'est un homme, qui doit avoir fait
un cours de gendarmerie, plutôt

qu'un cours de rhéthorique. Mais nous voici chez le grand Régent.

C'était dans l'hôtel de ce grand personnage qu'était établie la grande voirie des journaux. Tout le monde sait que cette grande voirie des journaux est administrée par ce qu'on appelle vulgairement la *Bande noire*. La *Bande noire* est une compagnie d'assurance des journaux, non pas *à vie*, mais à *mort* : car on les achète pour les tuer. C'est un genre de spéculation très-important. Toutefois, le code de commerce ne l'a pas prévu, car il n'en parle pas. On dit que, lorque la *Bande noire* aura achevé ses opérations sur les journaux, elle opérera sur les maisons; qu'elle achètera pour les brûler, afin de vendre les cendres aux blanchisseuses de Chaillot. Ce qu'il y a de singulier, c'est que tous ceux qui se mêlent de cette opération s'y enrichissent, quoique la compagnie perde ordinairement six cents pour cent, dans chacune de ses négociations: mais dans ce genre de spéculations, les associés gagnent, quoique la compagnie perde.

Cadet Roussel et son protecteur entrèrent dans une grande salle, où il y avait beaucoup de monde. La séance allait commencer. Ils allèrent devant le Régent, qu'ils saluèrent profondément, sans que celui-ci eût seulement l'air de les apercevoir; car, par l'élévation de son génie, il voyait toujours les choses et jamais les hommes. Le commis-voyageur, impatient de faire connaître au régent le succès de son voyage, pria le grand chancelier de prier Monseigneur de vouloir bien s'appercevoir que V..... commis-voyageur pour la comp^e de la grande caisse, était là. Monseigneur fut averti, et il fit signe avec son bambou (car il commandait avec un bambou, comme l'empereur du Japon), que c'était bien; et qu'il donnerait audience à Plumatout après la séance.

La séance allait s'ouvrir. Les caissiers de l'ordre se faisaient attendre: ils étaient au nombre de trente-six ou quarante. Les acquéreurs, procureurs fondés du régent, etc., étaient au nombre d'environ cinq cents, qui

tous aboutissaient à la même uni-
té, grand Régent. Les rédacteurs
étaient au moins trois ou quatre
cents. Il y avait cinquante éditeurs
responsables; on les voyait là armés
d'une carabine, ornée d'une baïon-
nette. Ce matériel était un peu nom-
breux: c'est que là, comme dans
toute administration bien organisée,
il y avait des doubles pour tous les
emplois.

Le grand régent imposa silence
d'un coup de bambou , et il dit : Je
veux aujourd'hui résumer les opérations de la grande caisse. Ensuite
nous ferons mes journaux de demain. Mon secrétaire-général va me
faire connaître son compte. Il ré-
pondra à mes questions.» Le régent

s'adressa aussitôt à son secrétaire dans les termes suivans :

« Je vous demanderai d'abord ce que je me suis proposé, en me char·geant de l'extinction générale des journaux ?— Monseigneur, on dit que vous vous êtes proposé de favoriser la liberté de la presse, et la liberté des élections.— Ce n'est pas tout-à-fait cela. Vous m'éclaircirez ce point. Combien ai-je acheté de journaux ?— Monseigneur, vous en avez acheté une douzaine; quant aux autres, vous les avez tous marchandés. — Nommez les journaux que j'ai achetés.— *La Foudre*, *l'Oriflamme*, *le Pilote*, *les Tablettes*, *le Drapeau-Blanc*, *la Gazette*, *l'Étoile*, *le Journal de Paris*, etc. : *les Débats* (mais ils se sont

désachetés); *la Quotidienne* (mais....)
— Comment mais...! Si elle nous
échappe en *référé*, nous la poursui-
vrons jusqu'en cassation; et si elle
nous échappe en cassation, et que les
lois actuelles nous manquent pour la
faire condamner, nous la ferons juger
par l'ordonnance de 1682. Pour ce qui
est de l'*Aristarque*, nous l'aurons,
parce que nous voulons lui prouver
qu'il n'*existe* pas, quoiqu'il nous
fasse trop voir qu'il existe par la peur
qu'il nous fait. Quant à *la France-
Chrétienne*, nous l'avons si bien em-
barrassée dans les procès, qu'elle aura bien de la peine à s'en tirer......
Avez-vous pris les noms de tous mes
hommes de paille? Je serai bien aise
de faire connaissance avec quelques-

uns d'entr'eux.—Oui, Monseigneur.
— Vous êtes-vous aperçu qu'il ait transpiré dans le public quelque chose de mes opérations? — Non, Monseigneur; personne ne s'en doute. Je dirai même que tous vos employés, afin de mieux se conformer à vos intentions, ont promis qu'ils n'en sauraient rien eux-mêmes. — A-t-on exécuté le mouvement que j'avais ordonné dans le matériel de la rédaction?— Oui, Monseigneur; on a fait passer les rédacteurs du *Pilote* à la *Gazette*, ceux des *Tablettes* au *Drapeau-Blanc*; et le trop plein de la rédaction de ces quatre journaux sert à composer le *Journal de Paris* : On a laissé la rédaction de l'*Étoile* aux éditeurs responsables. —

A-t-on établi le tarif général de rédaction?—Oui, Monseigneur. La mesure commune du tarif est le stère,
lequel se compose d'une voie de lignes, ayant chacune environ six cents
centimètres de longueur, ce qui porte
l'évaluation de chaque six cents centimètres à un centime. —Avez-vous
commandé les articles pour demain?
— Oui, Monseigneur, je viens d'ex-
pédier un garçon de bureau au grand
chantier de la rédaction, afin qu'on
m'envoyât une douzaine de voies. —
Quels sont les principaux articles que
vous aurez pour demain?—Monseigneur, il y a d'abord un article sur
la température politique, combiné
d'après le thermomètre de Réau-
mur , où l'on prouve que l'*hu-*

mide se compose à la fois du froid et du chaud ; 2° un article où l'on démontre que le milieu est ce qui est au-dessus de tout, et que le centre est plus grand que la circonférence ; 3° un article de métaphysique politique, où l'on fait voir que la plus sûre méthode à employer pour ne jamais écrire le contraire de ce que l'on pense, c'est de ne pas penser ; 4° un article d'économie politique, qui prouve que le meilleur moyen d'acquérir, c'est d'acheter la chose et le propriétaire. — C'est bien... J'étais bien aise de vous rassembler tous, pour vous témoigner mon mécontentement, tant aux rédacteurs, qu'aux éditeurs responsables, et surtout aux hommes de paille, qui vont beaucoup trop vite en affaires, et qui prennent feu trop facilement. Je m'aperçois que mes journaux tombent d'eux-mêmes, tandis que je voulais les faire tomber. Tout le monde se plaint que les articles de politique sont trop légers, et que les articles de littérature sont trop lourds. J'avais cependant donné ordre que l'on eût de l'esprit, et beaucoup d'esprit. Et je préviens, que si dorénavant on ne fait pas mieux, je prendrai le parti de rédiger mes journaux moi-même avec deux secrétaires, que je prendrai de plus. J'ai cependant fait établir le tarif de la rédaction sur un assez bon pied. Ce n'est que par complaisance que j'ai consenti à réduire la ligne à six cents centimètres; je vou-

6

lais d'abord la porter à huit cents. Je
vous conjure donc, pour la dernière
fois, Messieurs, d'avoir beaucoup de
talent. Je vous en prie en grâce.

Le régent ayant cessé de parler,
personne ne dit mot. Il fit quelques
signes impératifs avec son bambou;
et les caissiers, qui étaient au fait de
cette manière de s'exprimer de leur
maître, vinrent prendre ses ordres;
Il fit signe aussi que l'assemblée se
retirât; à l'exception cependant des
membres du comité de la rue de
Tournon, qui furent sur-le-champ
extraordinairement convoqués.

Le comité de la rue de Tournon,
chargé de censurer toutes les feuilles
vendues, et de les faire mourir à petit feu, se composait de trois unités,

savoir : Messieurs L. S. (représenté par son carré I. M.), J. B. et F. Le premier tenait un bambou , le second, une paire de ciseaux, et le troisième, une éponge. Quand un article devait subir l'épuration , le premier frappait dessus, le second le rognait, le troisième l'épongeait. Après cette première opération on mettait l'article chatié sous le pressoir, afin de lui donner le pli. On avait soin de *royaliser* les articles libéraux et de *libéraliser* les articles royalistes : ce qui est le meilleur moyen de faire des articles ministériels, d'après le système des compensations de M. Azaïs. Quant aux articles d'opposition, on les jaugeait. La jauge était un instrument en bois, fait avec quelques

débris du canapé des doctrinaires.
On assure qu'elle avait servi de baguette devinatoire à M. de Ca... pendant l'exercice de son ministère.
Tels étaient les principaux instrumens, avec lesquels le comité de la
rue de Tournon opérait. Lorsque les
avis des triumvirs étaient partagés
sur la question d'admission d'un article, ils consultaient le sort. Les trois
consuls lançaient en même tems en
l'air leurs instrumens : Si le bambou , les ciseaux et l'éponge re-
tombaient les uns près des autres et
se touchaient , c'était une preuve
qu'il fallait réunir les avis, et admet-
tre l'article en discussion.

Cadet Roussel, qui était resté avec
son introducteur dans l'embrasure

d'une croisée, et qui avait été témoin de quelques-unes de ces opérations, demanda à son protecteur
s'ils étaient dans une loge de francs-
maçons, et s'il serait reçu compagnon. — Non, lui répondit ce
dernier, nous sommes ici dans le
grand atelier de l'opinion publique.
— C'est singulier, dit Cadet Roussel; je n'aurais jamais imaginé que
l'on fît l'opinion publique avec un
bambou, une paire de ciseaux et une
éponge !

Les journaux étant suffisamment
manufacturés pour le lendemain, la
séance fut levée. Plumatout profita de
ce moment pour s'approcher du grand
Régent, et pour lui présenter Cadet
Roussel... Qu'est-ce que c'est que ce

bambin? dit le régent, en regardant
Cadet Roussel avec son lorgnon. —
C'est un éditeur responsable, que je
vous amène, dit Plumatout. Je l'ai
trouvé sur les grands chemins. —
Oui, monseigneur, balbutia Cadet
Roussel, qui voulait faire un compliment, mais, qui dans le trouble
où l'avait jeté l'épithète de *bambin*,
ne savait plus ce qu'il disait. — Oui,
monseigneur, ayant vu monsieur,
qui parlait sur la route au conducteur de votre opinion publique, je me suis recommandé à sa
protection; mais je ne m'attendais
pas à l'insigne faveur d'être admis
en votre présence. — C'est bien,
c'est bien, dit monssigneur, on tâ-
chera de vous faire éditeur respon-

sable. Vous me présenterez votre pétition ; je l'apostillerai, et je me la renverrai à mon bureau particulier. Mais je vous préviens que nous ne prenons plus d'éditeur responsable au-dessous de cinq pieds cinq pouces : je crois qu'il vous manquera quelque chose pour la taille. Alors, nous pourrons vous faire rédacteur d'articles de théâtre : je les prends à cinq pieds, taille de conscrit.

Cadet Roussel et son compagnon sortirent. Notre héros, voyant de quelle manière on mesurait les hommes à Paris, demanda à Pluma-tout, s'il croyait qu'il eût la taille d'un sous-préfet. Question à laquelle Pluma tout ne put pas lui répondre.

CHAPITRE X.

Duel entre les Romantiques et les Classiques.

En sortant de l'hôtel de l'Opinion-publique , Cadet Roussel et son compagnon allèrent au café de la Régence. Plumatout rencontra là beaucoup de ses amis, (car il en avait considérablement). On prit du café, puis du punch. Et les esprits insensiblement s'échauffant, on vint à parler des classiques et des romantiques. — Avez-vous rencontré beaucoup de romantiques, dans votre voyage ?

dit-on à Plumatout. — Messieurs,
les routes en étaient pleines. Ils venaient à moi d'instinct et ils me re-
connaissaient à la distance de deux
ou trois cents pas : car leurs âmes,
attirées par un aimant sympatique ,
venaient toucher la mienne, fran-
chissant en un clein d'œil les ri-
vières et les fossés qui nous sépa-
raient. — Et des classiques, en avez
vous vu un grand nombre ? — J'en
ai rencontré quelques-uns qui me-
naient leurs écoliers à la promenade
et récitaient leur Virgile et leur Rudi-
ment le long des haies. — Vous prenez donc les classiques pour des
pédans de collége ! — Pas précisément; mais.... — Comment, mais....
s'écria l'interlocuteur en colère. Savez-

vous bien, monsieur, que je suis classique, et que je ne souffrirai pas!... —Eh bien, je vous demande, si ce que vous me dites là, dans ce moment est du *classique* ou du *romantique*. —Monsieur, dans tous les cas, c'est du français; et vous me rendrez raison de votre impertinente question.

Dans ce moment, les lunettes du romantique tombèrent du haut de son nez avec un bruit sinistre; et elles allèrent rouler et se casser aux pieds de l'offensé, qui, les ramassant avec une politesse affectée, dit au romantique : Reprenez vos lunettes, monsieur, afin de mieux voir. — monsieur, j'y vois beaucoup trop pour voir vos sottises et vos impertinences.

Déjà les assistans curieux, faisaient cercle autour des deux champions, et augmentaient leur ressen-
timent en redoublant leur honte.
Les uns, oubliaient de mettre du
sucre dans leur café; d'autres, se
précipitaient à travers les tables,
pour mieux juger des circonstances
de l'évènement; et entraînant, soit
un caniche, soit un chien barbet
à leurs trousses, ils cassaient les
verres et les bouteilles, par cette
course inusitée. De là naissait
une foule de rixes, accessoires à
l'événement principal. Un autre,
avait retenu les débats en *second*,
et profitait du désordre pour l'enlever à celui qui l'avait retenu en
premier; celui-ci appelait le garçon à

tue-tête, pour obtenir justice de cet acte arbitraire. Le maître de la maison, cherchait en vain à calmer les têtes, en faisant servir *gratis* des limonades. L'effervessence ne faisait qu'augmenter ; et toutefois, les limonades disparaissaient, avalées par quelques habitués au verre d'eau, qui affectaient une grande colère, afin de légitimer leur soif extraordinaire.

Cadet Roussel était tout ébahi, ne comprenant rien à cette dispute, et étant d'ailleurs trop novice pour profiter des limonades. Il se cramponnait aux pans de l'habit de son protecteur, craignant de le perdre dans la foule.

Il fut convenu que l'on se battrait le lendemain, à l'épée; qui est,

je crois, une arme *classique*, à la
différence du coup de poing, que
l'on peut considérer comme éminemment *romantique*.

Ce ne fut qu'en acceptant le cartel,
que Cadet Roussel et son compagnon,
parvinrent à abréger cette discussion
qui devenait de plus en plus pénible.
Les curieux du dehors commen-
çaient déjà à se joindre aux curieux du
dedans. Car les Parisiens sont très-
friands de spectacles, de leur naturel ; et lorsqu'ils voient deux hommes assemblés dans la rue, ils s'ima-
ginent toujours qu'il y en a un qui
joue la comédie et que l'autre fait le
parterre. On s'empresse autour d'eux ;
et chacun sans s'informer s'il y a lieu
ou non à regarder, s'occupe de se

pousser aux premières plàces. Moi
qui, ainsi que Cadet Roussel, suis
provincial, j'ai été dupe, plus d'une
fois, de ces groupes qui s'improvisent
en salle de spectacle dans les rues.
Comme j'arrivais toujours des derniers, je me dressais sur la pointe
des pieds, afin de voir le centre de la
scène, (car lorsqu'il y a quelque
chose de curieux, c'est toujours au
centre qu'il faut regarder.) J'inter-
roge ceux qui sont auprès. J'entends
dire de toutes parts : « Je ne sais pas. »
Comme je réitère un peu haut ma
question, les regards qui cherchent
un point d'appui, se fixent sur moi;
et en moins de trois minutes, de
spectateur je deviens spectacle. J'ap-
perçois heureusement une porte co-

chère, sous laquelle je me glisse. Car je vois que la foule se disposait déjà à crier : *bis*.

Je me suis livré à cette petite digression, afin de donner le tems à nos deux champions romantiques de se retirer du guépier où ils s'étaient fourrés. Quand je dis deux, je vais peut-être un peu vite, attendu que Cadet Roussel n'est pas encore un *romantique*. Toutefois, on verra que demain, lorsqu'il s'agira de soutenir la question l'épée à la main, il se montrera un vrai soldat du *romantique*, quoiqu'il ne soupçonne pas du tout ce que c'est que le *romantique*.

Ouf ! sauvons-nous de cette galère ; mon cher Cadet Roussel, je n'en puis plus, s'écria Plumatout...... — Mais

dites-moi donc quel est ce monsieur
Romantique, pour lequel vous vous
êtes tant exposé? C'est sans doute
un monsieur qui vous veut du bien.
— Oh ciel! d'où sortez-vous, mon
cher ami, que me dites-vous là? —
Mais enfin, il est bien hargneux ce
monsieur *Classique*, qui lui en veut
tant. Ne pourrait-on pas leur proposer un arrangement? — Pas possible.
— C'est peut-être deux messieurs qui
sont venus, comme moi, à Paris,
pour solliciter un emploi. — Oui, je
leur en donnerai de l'emploi, et surtout de la besogne, aux *classiques*.
— Et vous allez pour cela vous battre à l'épée. — J'ai donné ma parole,
je ne puis reculer. J'exige même que
vous me serviez de second. — O mon

Dieu! comment voulez-vous? moi qui ne connais pas mieux le fleuret que le *romantique*. — C'est égal, vous connaissez l'honneur, c'est assez.

Ces raisons ne portaient point la persuasion dans l'esprit de Cadet Rousssel. Et quelque facilité qu'il eût de se plier à toutes les circonstances, il ne pouvait se faire à l'idée de se battre pour un autre; lui qui, tout bien compté, ne se serait pas battu pour lui-même. Toutefois il dissimula.

Plumatout, devenu champion romantique, ne perdait pas de tems. Déjà il était rentré dans sa chambre: et son d'Arl, d'une main, son fleuret de l'autre, il tirait au mur, qui, dans ce moment-là, figurait l'homme *classique*.

Cadet Roussel fit bonne mine jusqu'au lendemain; mais quand il fut
question de partir pour le bois de
Boulogne, il dit positivement que si on
ne lui expliquait ce que c'était que
le *Romantique*, et ce pour quoi on
allait se battre, il ne se battrait pas.
« Encore, disait-il, si c'était pour ga-
» gner une sous-préfecture, je pour-
» rais me décider. »

Cependant le *Classique*, soutenu
de ses témoins, et suivi d'un petit
savoyard porteur des fleurets et des
pistolets, arriva. Les témoins se retirèrent un peu à l'écart pour dé-
libérer sur le choix des armes.
« Mais, Messieurs, dit l'un d'eux,
» le choix des armes appartient aux
» combattans; il faut prier ces Mes-

» sieurs de s'expliquer.» Là-dessus le *Romantique*, qui, depuis douze heures au moins, s'exerçait à tirer au mur, dit qu'il préférait le fleuret. Le *Classique* opina pour le pistolet. Grand embarras; voilà une question préjudicielle à juger. Qui la décidera? On tire à la belle lettre dans *Ipsiboë*. Le livre des destins est ouvert. Le *Classique* ouvre une page; les premières lettres qu'il tire sont, a, b, c. Le *Romantique*, ouvre à son tour le livre. Dieux! quelles lettres, y grec, k, etc. «Tout cela est prophétique, » s'écrie-t-on.» Le *Classique* a le choix des armes. « Donnez-moi mon pisto- » let et mon Racine, s'écrie le *Classique*. — A moi Atala, dit le *Romantique*. Dans tous les cas, si je

» dois mourir aujourd'hui, j'aurai fait
» dans la vie plus de pas, ou plus de
» mètres que toi; car tu es descendu
» dans la terre du sommeil, comme
» le dit Chactas, fils d'Otaiti, à peine
» âgée de dix - huit neiges; et moi,
» j'ai trente neiges, plus une gelée
» blanche. »

Cependant les témoins se retirent
pour charger les armes. Oserai-je
dire qu'ils les chargèrent avec du
son ! Cette manière de faire parut
moins dangereuse. Cadet Roussel in-
sista beaucoup afin qu'on la choisit.
Dès ce moment il devint brave comme
un César. Les deux champions pri-
rent les armes. Ils se retirèrent à la
distance convenue, et ils montrèrent
beaucoup d'énergie, ignorant com-

ment les armes étaient chargées, et étant censés devoir se tuer. Comme le combat n'avait plus rien de dangereux, les témoins résolurent de le pousser à outrance. Le sort décida que le *classique* tirerait le premier. Il tira, et du premier coup le *classique* effleura le *romantique*. Le coup du romantique fit plus de bruit ; mais il se perdit en l'air. Les témoins rechargent les armes. — Mais, dit quelqu'un, voici la question entamée, il est inutile d'exposer davantage la vie de ces messieurs. Voyons s'il n'y aurait pas quelque mal-entendu. Je crois que la dispute est venue à propos de M. d'Arl... Si ces messieurs sont d'accord au sujet de cet auteur, le combat va cesser. En

conséquence, j'interpelle les combattans de répondre à cette question :
Que pensez-vous de M. D'A.... — Détestable ! dit l'un. — Excellent ! s'é-
cria l'autre. » Il n'y a pas de moyen
de conciliation. Témoins, mettez
deux coups de pistolets sur la question. Peut-être cela l'éclaircira. On
tire en l'honneur de M. D'A.... Les
combattans s'étonnent de n'être point
blessés. Ils ont cependant bien ajusté.
Seulement le *classique* vise habituellement un peu trop bas, et le *romantique* un peu trop haut. — Maintenant c'est au tour de M. V. H.... Oh!
pour celui-là, il faut charger le pistolet jusqu'à la gueule. On tire de
nouveau. Beaucoup de bruit, point
de blessure. — Allons, encore un de

jugé, dit Cadet Roussel. Mais, messieurs, à propos de romantiques, ne tirera-on pas pour Don-Quichotte! Moi je suis d'avis, que si l'on tirait ce coup-ci, à proportion du mérite du héros, il faudrait le charger à balle forcée. — Il est temps que cela finisse, dit un témoin qui était venu là comme amateur; on a tiré assez de coups de pistolets pour que la question du *romantique* et du *classique* soit suffisamment éclaircie. Au reste, ces messieurs se sont parfaitement comportés ; et je crois que si Jean Sbogar eut été là, il ne se serait pas mieux montré.

Tout le monde fut de cet avis ; même les deux combattans, qui ne se doutaient pas qu'ils n'avaient fait autre chose que se jeter du son au visage.

Là dessus on abattit les chiens, et l'on emporta les armes. Il y eut, à la suite de ce duel mémorable, un excellent déjeûner, pendant lequel on acheva d'éclaircir les questions que l'on n'avait pu achever de résoudre à coups de pistolet. Cadet Roussel se tira très-bien de cette affaire. Il fit trois choses qui caractérisent un ministériel : d'abord, il contribua puissamment par son éloquence à adoucir la guerre et à empêcher l'effusion du sang; secondement, il parla très-bien sur beaucoup de choses qu'il ne connaissait pas du tout; troisièmement, il con-

seilla le déjeûner; et quoiqu'il passa
pour être très-sobre, il en manger la
meilleure part.

~~~~~~

CHAPITRE XI.

———

L'anti-chambre et le cabinet d'un
ministre.

Il était cinq heures du matin. C'est
l'heure où tout le monde dort à Paris, excepté ceux qui ne se couchent
qu'à six. Cadet Roussel et son compagnon que la peur avait singulièrement fatigués, quoiqu'ils se fus-
sent conduits en héros, dormaient
profondément. Ils rêvaient l'un et
l'autre qu'ils étaient tués dans le duel
qui avait eu lieu la veille. Leur réveil
fut pour eux une véritable résurrec-

tion.— Vous êtes bien content d'être
venu à Paris, dit Plumatout à Cadet
Roussel, qui annonçait par ses bail-
lemens qu'il commençait à se dégager
des bras de Morphée. — Content!
Certainement, pourvu que vous ne
me procuriez pas souvent des joies
comme celles d'hier. Il faut convenir
qu'il y a du guignon dans ma destinée ! Depuis que j'ai quitté mon lieu
natal, j'ai déjà failli périr trois fois :
La première, en risquant de me casser le col par la chute de la voiture,
avec laquelle j'enlevais la fille du
sous-préfet de mon arrondissement;
la seconde, en étouffant au centre
d'un cheval, foulé que j'étais pendant une journée entière, entre l'extrême droite et l'extrême gauche ; la

troisième, en m'exposant à recevoir
un coup de pistolet. Et pour qui al-
lais-je me tuer? Encore si c'eût été
pour moi! Mais pour les romantiques
que je n'ai jamais connu, que probablement je ne comprendrai jamais!
Et pour m'achever enfin, vous voulez
que je sois *éditeur responsable*, ce
qui veut dire (car je me le suis fait
expliquer) que je réponds pour tout
le monde; ou en d'autres termes, que
lorsqu'il y a une taloche à recevoir,
c'est à moi qu'on l'adresse.

Pour consoler Cadet Roussel, Plumatout lui dit que le jour même il
lui ferait voir les ministres. Quand
deux heures sonnèrent, ils se dirigè-
rent vers le ministère des finances.

Cadet Roussel n'était pas très ras-

suré. Il avait, quoique profondément
ministériel, ses préjugés et même ses
superstitions : Il s'était figuré qu'un
ministre devait être comme une espèce d'Atlas, qui pouvait porter si-
non le monde entier, au moins plusieurs *départemens* sur ses épaules;
et en conséquence, il supposait à cet
être extraordinaire une taille tout-à-
fait gigantesque. Les images dont
Cadet Roussel revêtait ses idées dans
ces sortes de cas, avaient quelque
chose de comique; c'est pour cette
raison que dans la circonstance dont
il s'agit, la figure de Gargantua lui
venait plus naturellement à l'esprit
que celle d'Hercule.

Voici la sentinelle à la porte de
l'hôtel, dit Plumatout. C'est donc

ici, dit Cadet Roussel ; c'est une plaisanterie, ce ne peut être là! Cette maison n'est pas plus haute que les autres. Comment voulez-vous que le ministre passe par cette porte cochère? Il me semblait que le ceintre de la porte pouvait être tout au plus la première marche de son escalier dérobé. — Mais, mon cher, vous perdez la tête. Songez donc que si les choses étaient comme vous le dites, le rez-de-chaussée du ministère serait aussi élevé que les tours de Notre-Dame, et que le ministre logerait au moins au troisième ciel; chose que vous ne ferez entendre à personne. Dans ce cas, l'antichambre serait au moins comme une tour de Babel, et l'on n'arriverait probablement en

audience particulière, qu'en ballon :
On ne pourrait vraiment plus parvenir au ministère, sans risquer tout au
moins de se casser le col. Au reste,
votre idée est romantique, elle me
plaît.—J'en suis flatté. —Mais songez donc que si les ministres étaient
des Gargantua, les courtisans et tous
ceux qui les entourent ne seraient
que des Lilliputiens, qui pourraient
se glisser impunément dans les gous-
sets et dans les poches des ministres,
pour leur surprendre quelqu'ordonnance. Mais que deviendrait alors la
responsabilité ministérielle ? Car, lorsqu'on reprocherait à un ministre d'a-
voir signé tel acte arbitraire, ou d'a-
voir favorisé telle concussion, telle
dilapidation des deniers publics, il

pourrait toujours répondre : « *Ça ne*
» *me regarde pas ;* c'est un Lillipu-
» tien qui s'est glissé dans mon por-
» tefeuille, et qui a écrit l'ordonnance
» à mon insçu. » Si on lui disait, par
» exemple» : Pourquoi avez-vous employé la ruse et la corruption dans
les élections ? Il répondrait : « Les
» Lilliputions se sont introduits par
» la serrure dans l'hôtel de la préfec-
» ture, et là, ayant surpris des cartes
» d'électeurs, ils sont allé voter pour
» les ministres aux colléges d'arron-
» disement, dans l'espoir d'une gra-
» tification. »

— Pourquoi avez-vous dépensé
les deniers du trésor pour acheter
et corrompre les journaux ? « Pour-
» quoi? répondrait le ministre, ce

» sont les Lilliputiens qui se sont
» introduits furtivement dans les cais-
» ses publiques; et après avoir pris
» une *bonne somme*, comme dit Odri,
» dans le beau monologue des *Cuisi-*
» *nières*, ils l'ont portée rue de Va-
» rennes; ils ont établi des bureaux,
» et ont écrit sur la porte : *Entre-*
» *prise particulière de l'amortisse-*
» *ment de l'esprit public*. En consé-
» quence, *cela ne me regarde pas*. »

— Et le ministre de la guèrre, et
deux ministres des affaires étrangères
que vous avez éloignés du ministère,
que vous n'aimiez pas et que la
France aimait. — « C'est la faute des
» Lilliputiens; *cela ne me regarde*
» *pas* ».

— Et les dilapidations commises

dans les fournitures de l'armée d'Espagne, j'espère M. le ministre, que
vous ne rejetterez pas cela sur les Lilliputiens. — « Oh ! pour l'affaire d'Es-
» pagne, je conviens avec vous qu'il
» y avait bon nombre de géans et
» d'Hercules dans l'armée, mais les
» Lilliputiens s'étaient glissés dans
» l'administration militaire. La cour
» d'enquêtes , établie à Toulouse ,
» fera, je l'espère, bonne justice des
» Lilliputiens, pourvu que ces petits
» rusés, ne viennent pas à se cacher
» lorsqu'on prononcera leur arrêt de
» condamnation ; ensorte qu'on se-
» rait obligé de les juger par coutu-
» mace, au moment où les accusés se
» seraient blottis dans les manches
» de leurs juges. »

— Et l'affaire de la réduction des rentes, M. le ministre, vous ne la mettrez pas sur le compte des Lilliputiens.—«Oh pour celle-là! c'est une » affaire de calcul : elle m'appartient. » Je l'ai établie d'après Barême qui » est un vrai Gargantua pour ma- » nier des chiffres. Du reste, j'ai » fait ici mieux que Barême, car j'ai » établi en principe, que 2 et 2 fai- » sait au moins 16 ; ce dont, certes, » Barême ne s'était pas douté. Il ne » faut pas cependant croire qu'il n'y » avait point de Lilliputiens dans » cette affaire : il y en avait. C'est sûr. » Il y en a partout aujourd'hui. Il » y a des jours, où j'en suis comme » inondé. Quelquefois j'en ai juques » sur mes lunettes. »

Voilà, mon cher, ce qui résulte-
rait de votre manière de voir, conti-
nua Plumatout. Cependant, je conviens qu'elle a quelque chose de
vrai. Mais je m'aperçois que nous
perdons ici le tems. Voyez que de
Lilliputiens qui passent. Nous allons
être des derniers.

Plumatout et Cadet Roussel se hâ-
tent. Ils fendent la foule, et bientôt
ils sont dans l'anti-chambre. Tous
les bancs destinés à faire asseoir
l'espérance et la crainte, étaient occupés. Le génie observateur de Cadet
Roussel s'éveilla à la vue de toutes
ces figures, qui demandent chacune
quelque chose, mais qui le demandent d'une manière différente. Voilà
le héros mutilé de la Vendée, qui

demande du pain depuis 1814, Il a
eu faim sous tous les ministres ; ses
haillons le disent assez. Qu'il est
frais et vermeil, ce gros monsieur
qui est à côté ! Ah ! c'est un homme
des cent jours. Il obtint alors une
pension en considération de ce
qu'il avait fait; il en a une autre aujourd'hui, en considération de ce
qu'il se vante de n'avoir pas fait. Il
a bien bu et bien mangé sous tous
les ministres. Dieux ! que de femmes
on aperçoit parmi les pétitionnaires!
Est-ce qu'elles savent mieux que les
hommes, demander et obtenir justice ? Non : mais les ministres savent
moins la leur refuser. Presque tous
les visages féminins qu'on voit là, ap-
partiennent à des femmes d'employés

destitués. Il est de règle, dans les départemens, que lorsqu'un homme
perd sa place, sa femme vient la
rechercher à Paris. On a même vu
des femmes faire casser leurs maris,
pour avoir la certitude qu'elles fe-
raient un voyage dans la capitale.

Venez, dit Plumatout à Cadet
Roussel, en le prenant par la main.
Glissons-nous là: nous serons tout-à-
fait à la porte du ministre. Nous
pouvons même regarder sans indiscrétion par le trou de la serrure. Si
nous étions Lilliputiens nous pas-
serions au travers..... O dieux! Que
vois-je! Des ministres assemblés,
mais il y en a six, et je n'en vois que
cinq. Le président du conseil occupe
deux fauteuils, et il appuie les pieds

sur deux autres ! Regardez, Cadet
Roussel. — Ciel ! quels petits
hommes, s'écria ce dernier, moi qui
avait pris ces gens-là pour des Gargantua ! — C'est l'effet de l'optique:
C'est parce que nous les regardons
de trop près, repliqua Plumatout.
Voyez, il y en a un qui compte sur
ses doigts ; un autre, qui signe en
dormant; un troisième, qui n'ose rien
dire, et deux autres qui ne disent
rien. Voyez encore : il y en a un qui
s'obstine à ne faire que des chiffres ;
un autre ne fait que des paraphes ;
celui-ci fait des bons-hommes; celui-
là fait des *pâtés*. Il y a sur la table,
six porte-feuilles: Le premier est rem-
pli de billets de banque ; le second
contient des cartes de visites; le

troisième renferme des billets de confession ; l'intérieur du quatrième est plein d'ordonnances à signer, et qu'on ne signe pas ; dans le cinquième il n'y a pas grand chose , et dans le sixième il n'y a rien du tout, attendu qu'il est vacant. Je pourrais encore vous faire remarquer (mais je crains que cette remarque ne soit par trop futile) qu'il y a un de ces porte-feuilles qui est en peau d'ours , un autre, couleur barbe de capucin ; il y en a aussi un, couleur de rose ; et enfin il y en a deux qui n'ont pas de couleur...... Mais voilà que la conférence est finie. Je ne croyais pas qu'elle eût pu durer si long-tems car ils n'ont rien dit. Les ministres se retirent. Ils s'en vont. Il n'y a que les fauteuils qui restent. Il y en a un qui ne s'en va pas encore. Il se redresse devant la cheminée pour voir s'il est toujours aussi grand qu'à l'ordinaire. Car il sait qu'il y aura des femmes à son audience. — Mais nous sommes des premiers. Le garçon de bureau me regarde avec un air de connaissance qui semble me dire: entrez.... Entrons. Si vous avez peur, tenez-vous à moi par le pan de mon habit. — Dans tous les cas, il ne nous mangera pas, dit Cadet Roussel, qui commençait à faire le brave, — Ce n'est pas sûr, reprit, en riant. Plumatout. Car, s'il nous frappait de sa baguette et qu'il nous transformàt en millions !.....

La porte s'ouvre.... Plumatout et

Cadet Roussel se présentent en ordre de bataille, c'est-à-dire, sur un de front, Cadet Roussel se tenant humblement derrière son Mentor. Plumatout prit la parole et dit : Monseigneur, je suis ici de la part du grand-régent.... Qu'est-ce, dit le ministre. — Une lettre pour Son Excellence. — Donnez. — La voilà, Monseigneur. Son Excellence lit :

« L'affaire des journaux va bien : » nous les tenons presque tous. J'a- » bandonnerai à votre *justice* ceux » qui résisteront. L'affaire est dans » le sac. La Congrégation nous pous- » se : elle ne se donne pas même le » tems d'aller à la messe.... J'ai l'hon- » neur de vous recommander les » porteurs de ma lettre. »

C'est bien, dit son excellence, « je
» songerai à vous ». Plumatout et
Cadet Roussel , saluèrent jusqu'à
terre , et se retirèrent enchantés.

Je songerai à vous ! Avez vous entendu ce grand mot, dit Plumatout.
C'est le *fiat lux* de la puissance ministérielle. — Mais enfin , qu'est-ce
que cela promet, *je songerai à vous.*
C'est bien si le ministre *songe*, mais
si le ministre ne *songeait pas.* —
Vous ne connaissez pas la puissance
des mots. Ils n'ont pas ici la même
signification que dans le dictionnaire
de l'Académie. Sachez, mon cher ,
qu'avec le seul mot *je songerai* , le
ministre peut faire un receveur-gé-
néral ou un préfet. Il est même arrivé à un ministre de faire soixante

pairs, en disant ce seul mot, *je son-gerai*. Les ministres, en général, font beaucoup de songes. Voilà pourquoi ils employent de préférence le mot *songer*.

Cadet Roussel pensait nuit et jour à la réponse du ministre ; et il attendait avec impatience sa commission de sous-préfet.

———

CHAPITRE XII.

Allons à la Congrégation.

Il y a huit jours que vous me pro-
mettez de me montrer la *Congrégation,*
dit un matin Cadet Roussel à Plumatout. — C'est vrai, dit Plumatout. Je
vous dirai mieux : je vous ai fait recommander par la *Congrégation* au ministre. Vous savez que c'est demain que
vous devez entrer dans vos fontions
d'éditeur responsable, en attendant
votre sous-préfecture : ce qui est un
joli noviciat. Aujourd'hui je vous
mènerai à la *Congrégation.* — Qu'est-

ce donc que la *Congrégation?* —
Vous êtes bien impatient. Attendez.
Voilà l'hôtel de la *Congrégation*, là
devant nous. C'est un bâtiment, qui
a la forme d'un ancien couvent. Il
est surmonté d'un télégraphe et d'un
observatoire , d'où l'on voit toutes
les parties de la France , avec des
lunettes qui grossissent singulièrement les objets. Ce bâtiment a des
portes d'entrée secrètes qui mènent
droit aux Tuileries , aux ministères
et vers les différentes administra-
tions. Il n'y en a qu'une qui ouvre du côté du ciel , et il y en a une
quarantaine qui ouvrent sur Paris. Il
va là beaucoup de gens tous les jours
qui viennent pour prier Dieu, et les
ministres. C'est un mélange de gens

pieux et d'autres qui font semblant de l'être. Tenez, voilà M. H.. qui vient faire son rapport à un grand personnage, qui écoute ses calomnies sans songer à mal, et en disant son chapelet. Celui-ci qui passe si vite, est un athée fort connu, il va dire son *Credo*. On assure que M. de T. , qui est de tout, va être aussi de la *Congrégation*, et qu'aussitôt après sa réception, il y aura une assemblée extraordinaire, qui durera au moins huit jours, pour entendre son *Confiteor*. En voici un autre, qui a une grande part aux affaires, et qui vient tous les jours ici pour dire *Amen*. Voyez M. P. qui jouit de la confiance intime du ministre, et qui vient ici chaque matin pour se pré-

parer à faire sa première commu-
nion ; attendu que jusqu'en 1815, il
avait oublié de la faire. Entendez :
la messe sonne. Que de monde il
vient aujourd'hui ! Il y aura probablement un sermon politique après
l'épître. Les gens en place qui font
partie de la société ne se rendent pas
fort exactement aux exercices ; ceux
qui veulent être placés n'en manquent aucun. — Est-ce que je ne
pourrais pas être de la *Congrégation?*
s'écria Cadet Roussel, qui venait
d'être frappé de cette dernière remarque. — Parbleu ! si vous pouvez
en être ! c'est certain. Voyons votre
conformation : c'est bon. La tête un
peu penchée sur l'épaule droite ; et
par dessus tout ; la bosse.... — Com-

ment la bosse? — Oui, vous avez la bosse de la *Congrégation*. Je la touche. Le docteur Gall en a parlé. Mais on nous remarque : entrons. La messe est commencée. — Comme on chuchotte! on dirait la salle d'étude d'un collége ! C'est scandaleux ! — Ce bruit et produit par les petites conversations politiques à voix basse. Tenez : voilà M. F. qui sert la messe, et qui en présentant les burettes à M. le curé, lui annonce que la loi de la septennalité a passé. Voilà le célébrant qui se retourne, et au lieu de dire *dominus vobis cum*, il semble demander aux assistans: qu'y a-t-il de nouveau!— Qu'elle impiété! A deux pas de nous, quels sont ces deux messieurs qui

colloquent, le front dans la poussière ? — Ils discutent la loi sur la
réduction des rentes. Ecoutons :
« Elle est mauvaise. — Elle est ex-
» cellente. — Je répondrai à votre
» dernier argument après la messe.
» . . . . Nous ne faisons
» tort à personne. Nous donnons
» cent francs pour...... — Vous vio-
» lez notre convention. Je ne veux
» pas de vos cent francs — Eh bien !
» prenez les 4 pour cent ou les trois
» et demi, si vous l'aimez mieux. —
» J'avais à peine de quoi vivre avec
» le 5, je mourrai de faim pour un
» cinquième avec le 4 ; et avec le 3
» et demi, je serai obligé de ne boire
» que de l'eau, qui m'est absolu-
» ment contraire ! Voilà un certifi-

» cat de mon médecin. Je le joindrai
» à ma pétition, que je présente à la
» chambre des pairs en ce moment.
» —La loi fait refluer l'argent dans les
» départemens.—Dans lequel? dans
» celui des affaires étrangères! Non ,
» il refluera dans la poche des usu-
» riers, qui en donnent un meilleur
» taux que les fermiers, et qui nous
» ruinent en nous faisant des avan-
» ces. Et quand nous n'aurons plus
» le sol, ils nous diront : (*Ite missa*
» *est*) ». Mais voilà la messe dite.
« Moi je n'en était encore qu'au *La-*
» *vabo.* C'est bientôt fini. C'est une
» messe de rentiers *consolidés.* Je
» crois, Dieu me pardonne, qu'elle
» n'a pas duré le quart d'une messe
» ordinaire !» C'est par trop scandaleux, dit Cadet Roussel. Sortons d'ici.

~~~~~~

CHAPITRE XIII.

———

Cadet Roussel à la Bourse. Il fait monter la rente à coups de fouet. Dénouement.

Un beau matin, on vint frapper à la porte de Cadet Roussel et de Plumatout.... Qui est là ? — Ouvrez. Rue de Varennes ! — Eh que diable, laissez-nous dormir ! — De la part de M. le grand-Régent! — Ah ! ciel, dit Plumatout, qu'ai-je fait ! monseigneur !... Qu'on est bête quand on est à moitié endormi, ou à moitié éveillé. Ce qui est je crois la même

chose !... On y va... Entrez. —Monsieur, une lettre. — Donnez. — La
voilà. —- Sous le couvert de la grande
caisse ! c'est bien cela.... Sous bande ! C'est bien de l'administration.
Voyons !.... (il lit :) « Vous êtes
» chargé, de la part du grand-Régent
» d'aller à la Bourse aujourd'hui, et
» de suivre les opérations de la
» grande caisse. Vous rendrez compte
» à six heures trois quarts, de votre
» gestion. »

Le Secrétaire général.
Paris le....

Cadet Roussel ! Cadet....! Quoi vous
dormez ! Allons vite, séant. Vous
dormez comme un préfet de département ! Aujourd'hui de grandes affaires ! Allons..... Allons.....

Cadet Roussel s'éveille en sursaut.
Mon Dieu ! Qui fait tout ce tapage?
Encore un duel qui me pend à
l'oreille !.... C'est vous, mon cher
protecteur , monsieur Pluma out !
Qu'est-ce que c'est donc ? — A la
Bourse ! A la Bourse ! Nous ferons
aujourd'hui les hommes de paille.
Nous allons de suite nous organiser
pour faire monter la rente. — Comment des hommes de paille ! Mais je
le suis déjà une fois ! Ne m'avez-vous
pas fait nommer éditeur responsable!
—Vous n'y entendez rien. (mais le-
vez-vous donc!) —Faut-il que je
mette mes bas de soie noire aujour-
d'hui ? — Vous êtes bien, je ne dirai
pas, de votre village mais de votre
sous-préfecture. Est-ce qu'on porte

encore des jambes aujourd'hui ? d'ailleurs, il faudra avant cinq heures que
vous vous habilliez en postillon.
— Comment en postillon ! — Eh oui !
pour faire monter la rente. — Cette
fois, je n'y comprends plus rien.
— Vous avez l'intellect si dur qu'il
me faudra, je pense, avoir un
homme de paille interprète auprès
de vous. Allons, êtes vous prêt !
Sortons.

Ils sortent. Ils vont au café pour
savoir ce qu'il y a de nouveau. C'est
ainsi que les hommes qui veulent
parvenir doivent commencer leur
journée. Ils sont au café Valois. Ils
voient là beaucoup de gens en per-
ruque qui prennent leur café comme
on le prenait au dix-huitième siècle ;

c'est-à-dire qu'ils sont une heure entière à contempler leur demi-tasse.
—Comme on chuchotte autour de
nous, dit Cadet Roussel, il me semble
que l'on dit que nous sommes des
mouchards. —C'est qu'il arrive quelquefois par méprise que l'on prend
des hommes de paille pour des *mou-*
chards.—Il y a donc aussi des hommes
de paille dans cette partie. —Je vous
ai déjà dit qu'il y en avait partout.
C'est le besoin de notre civilisation....
Mais qu'entends-je!... L'*Aristarque*!
» Allons à l'*Aristarque* ! » —Est-ce
que l'*Aristarque* est un spectacle,
dit Cadet Roussel, puisqu'on y va?
—C'est une affaire que l'on plaide
aujourd'hui, et qui intéresse la grande
caisse. Les hommes de paille l'ont

manquée !... Ils sont aux abois. Le
grand-Régent va les décimer avec son
bambou...... Nous ne pouvons pas
aller à l'*Aristarque*. Il est midi et demie. Ce soir nous irons à la comédie
de la rue de Varennes ; on y joue le
Tartufe, de Molière.

Il est quatre heures. Plumatout est
costumé comme un agent de change ;
cabriolet de rigueur, air affairé et
un peu fat, regard qui annonce au
moins cinquante milles livres de rentes ; mais que je ne peux pas définir.
(tous les Parisiens ont ce regard-là.)
Du reste, mise élégante, pantalon,
gilet et habit noirs, selon la mode.
C'est le siècle du deuil. Enfin manières élégantes et plus grâcieuses que
de coutume, comme celles d'un agent

de change qui doit faire banqueroute
demain.

Les spéculateurs et les curieux
assiégent les portes de la Bourse;
les tiers consolidés se promènent
tristes et silencieux; les hommes de
paille font un bruit à tout rompre.
Les voilà qui commencent l'opinion
publique. Ils vont et viennent. Ils
traversent brusquement les groupes.
On dirait qu'ils remuent des subs-
stances chimiques pour les embrâser.
Plumatout les connaît tous. De son
côté, il fait des prodiges. La rente
est à quatre-vingt dix-neuf. Il faut
la faire dépasser le pair. « Achetons,
» messieurs, achetons! »

Cadet Roussel, masqué en postillon principal, est à la tête d'un ré-

giment de postillons subalternes ;
montés et bridés à la porte de la
grande écurie de la rue de Varennes.
Il attend les ordres pour partir. Tous
les fouets sont à neuf. Mais Cadet-
Roussel se tiendra-t-il à cheval ? C'est
une question. Et ma sous-préfecture !
pense-t-il en ce moment. Demain on
ne pourra me la refuser, si je ma-
nœuvre bien aujourd'hui.

Une estafette arrive. Il faut partir.
Ordonnance qui porte qu'on don-
nera cinquante coups de fouet en
passant vers la Bourse, à cinq heures
cinq minutes. « Partons au grand
» galop. »

On part. On brûle le pavé. Les
chevaux vont d'eux-mêmes : on dirait qu'ils jouent à la hausse. Cadet

Roussel qui n'est pas fait à ce rude métier , loin d'être à la tête de son escadron, est trop heureux de pouvoir le suivre de loin. Il commande sur les derrières. Cependant il a à la main un fouet d'honneur. Mais il ne ⁀ peut s'en servir; préoccupé qu'il est à se tenir sur son cheval. Cependant il ne tombe pas, et il lui reste assez de présence d'esprit pour commander les cinquante coups de fouet. Les cinquante coups de fouet sont exécutés. C'est un bruit à ne pas s'entendre. Il est tel, qu'on s'imagine à la Bourse, que c'est le canon des Invalides. Cette nouvelle, diversement interprétée, fait monter la rente de cinquante centimes.

Notre escadron fouettant est déjà

au faubourg Montmartre. Cadet Roussel se retourne et voit une estafette
au grand galop. il fait faire halte. Il
prend l'ordonnance. Elle était ainsi
conçue: *C'est bien. La rente est mon-
tée de cinquante centimes.* (C'est une
centime par coup de fouet, dit en
lui-même Cadet Roussel.) *maintenant
vous irez en Angleterre jusqu'à la
barrière Saint-Denis , pour une dépé-
che à M. Caning ; et en moins de dix
minutes, vous rentrerez par le Portugal par la barrière de Clichy. Vous
arriverez dans la rue Notre-Dame-des-
Victoires.*

En moins de dix minutes l'ordonnance est exécutée. Ils entrent dans
la rue Notre-Dame-des-Victoires à
grands coups de fouet.

Plumatout , qui les entend, fait aussitôt crier à la Bourse par ses hommes de paille... « Voilà les cour- » riers d'Angleterre et de Portugal! » Tout le monde répète, Angleterre ! Portugal ! et de suite cela fait l'opinion publique. — La rente monte. La voilà à 102 fr. Plumatout court dans la rue. Il aperçoit Cadet Roussel. Il lui crie : « C'est encore bien. La « rente à 102 fr. ! » Au moment où il crie que la rente monte, Cadet Roussel tombe. Il se serait tué dans une chute aussi rude... Mais une des grosses bottes qui pendaient aux flancs de son cheval se détache : Cadet Roussel tombe dans sa botte. Tout le monde s'assemble , comme ça se fait à Paris, pour regarder et non pour secourir. Plumatout fait appeler un chirurgien. On emporte le blessé.

Plumatout accourt auprès de son protégé, de son ami. Car il lui était devenu plus cher que jamais, tant il avait bien manœuvré. Il est auprès du lit de Cadet Roussel. « Mon cher » ami, un peu de patience. Ce n'est » rien. Vous n'avez que quelques » contusions. Dans trois jours, vous » serez debout. Pour vous amuser » durant votre convalescence, vous » ferez des articles du journal. » — Mais j'ai les yeux pochés, dit douloureusement Cadet Roussel. — C'est égal, vous ferez des articles où il n'est pas besoin d'y voir; et il y a beaucoup d'articles à faire comme

celà. — Et ma sous-préfecture! reprit Cadet Roussel. — Ils ne faut pas
regretter cette journée. Vous avez
bien travaillé à votre avancement....
— Est-ce qu'on devient sous-préfet
en se faisant pocher les yeux ! —
Quelquefois..... Soyez tranquille. Le
grand Régent apostillera votre pétition, dans laquelle ni vos coups de
fouet, ni vos yeux pochés ne seront
oubliés. Je m'en charge. — J'ai envie
de faire mon testament ! — Ciel! que
dites-vous ! Vous avez l'esprit frappé !
—Non. Quand même je ne mourrais
pas, recevez cette déclaration : « Je
» meurs au printemps de ma vie!
» et on n'écrira pas sur ma tombe :
» *Il fut sous-préfet*: *Il a vécu*. J'ai été
» intrigant; mais je l'ai été de bonne

» foi. Je demande toutefois pardon
» à Dieu. Je déclare que je ne vou-
» drais pas être de la *Congrégation*,
» parce que d'après ce que j'ai vu il
» s'y fait beaucoup plus de mal que de
» bien. J'aime par-dessus tout, mon
» roi et ma religion. Je ne sais pas si
» j'aime la liberté et le romantique, n'y
» ayant encore rien compris du tout.
» Je professe un profond respect pour
» toutes les autorités qui jugent en
» ce monde, et qui seront jugées dans
» l'autre. J'ai une vénération profonde
» pour la Charte. Je souhaite qu'elle
» fasse tout le bien dont elle contient
» le précieux germe. Mais la corrup-
» tion règne dans la plupart des ad-
» ministrations : *L'empire* est encore
» au centre ; la *monarchie* embrasse

» la circonférence et la *République*
» s'échappe par la tangente. C'est
» tout ce que j'ai retenu de ma géo-
» métrie. Je recommande mon âme
» à Dieu, ma sous-préfecture, au
» grand Régent, ma réputation, aux
» journaux qui ont conservé ou
» recouvré leur indépendance. Quant
» aux journaux vendus (si toutefois
» il y en a,) je les prie de ne pas
» parler de moi, ou d'en dire un
» peu de mal.....

— Mon cher Cadet Roussel, je
vous ai toujours connu du goût pour
le monologue; mais dans l'état où
vous êtes, cette manière de parler
vous fatigue beaucoup, je vous prie
donc de reposer un peu, et d'avertir
le public que si vous revenez en san-

té, votre premier soin sera d'aller lui
rendre visite pour lui demander son
indulgence, tant pour l'histoire que
nous venons ensemble de lui conter,
que pour la suite, que vous lui of-
frirez peut-être. Car vous êtes vous-
même à la fois et votre héros et
votre historien. C'est la seule ressem-
blance que vous avez avec César.

FIN,

www.ingramcontent.com/pod-product-compliance
Lightning Source LLC
Chambersburg PA
CBHW070414090426
42733CB00009B/1663